Suhrkamp BasisBibliothek 127

Diese Ausgabe der »Suhrkamp BasisBibliothek – Arbeitstexte für Schule und Studium« bietet nicht nur Johann Wolfgang Goethes Drama *Egmont*, sondern auch einen Kommentar, der alle für das Verständnis des Stücks erforderlichen Informationen und Materialien enthält: die Entstehungs- und Wirkungsgeschichte, Friedrich Schillers einflussreiche Rezension, einen Überblick über die verschiedenen Deutungsansätze, Literaturhinweise sowie Wort- und Sacherläuterungen.
Zu ausgesuchten Titeln der Suhrkamp BasisBibliothek erscheinen Unterrichtsvorschläge und Kopiervorschläge im Cornelsen Verlag.
Helmut Nobis, geb. 1947, lebt und arbeitet in Krefeld. Veröffentlichungen zu Friedrich Schiller (SBB 88), Christoph Martin Wieland, Heinrich von Kleist (SBB 93, SBB 117), Heinrich Heine, Theodor Fontane (SBB 81, SBB 109), Gabriel García Márquez, zum bürgerlichen Trauerspiel, zur Literaturtheorie und -methodologie sowie zur Literaturgeschichtsschreibung.

Johann Wolfgang Goethe
Egmont

Ein Trauerspiel in fünf Aufzügen

Mit einem Kommentar
von Helmut Nobis

Suhrkamp

Der vorliegende Text folgt der Ausgabe:
Johann Wolfgang Goethe. *Sämtliche Werke.*
Briefe, Tagebücher und Gespräche. I. Abteilung: Sämtliche Werke, Bd. 5: *Dramen 1776–1790*. Unter Mitarbeit von Peter Huber herausgegeben von Dieter Borchmeyer, S. 459–551.
Frankfurt am Main: Deutscher Klassiker Verlag 1988.

Erste Auflage 2012
Suhrkamp BasisBibliothek 127
Originalausgabe

Satz: pagina GmbH, Tübingen
Druck: CPI – Ebner & Spiegel, Ulm
Umschlagabbildung: Georg Melchior Kraus, Goethe, 1775/76
Umschlaggestaltung: Regina Göllner und Hermann Michels
Printed in Germany

ISBN 978-3-518-18927-6

Inhalt

Egmont

Ein Trauerspiel in fünf Aufzügen

Personen

⌜MARGARETHE VON PARMA⌝, *Tochter Carls des fünften, Regentin der Niederlande*
⌜GRAF EGMONT⌝, *Prinz von Gavre*
⌜WILHELM VON ORANIEN⌝
⌜HERZOG VON ALBA⌝
unehelicher FERDINAND *sein natürlicher* Sohn*
⌜MACHIAVELL⌝ *im Dienste der Regentin*
RICHARD *Egmonts Geheimschreiber*
SILVA
GOMETZ } *unter Alba dienend*
CLÄRCHEN *Egmonts Geliebte*
Ihre MUTTER
BRACKENBURG *ein Bürgerssohn*
SOEST *Krämer*
JETTER *Schneider*
ZIMMERMANN
SEIFENSIEDER } *Bürger von Brüssel*
BUYCK *Soldat unter Egmont*
RUYSUM *Invalide und taub*
VANSEN, *ein Schreiber*

Volk, Gefolge, Wachen u. s. w.

Der Schauplatz ist in Brüssel.

Erster Aufzug

Armbrustschießen

Soldaten und Bürger mit Armbrüsten
Jetter, Bürger von Brüssel, Schneider, tritt vor und spannt die Armbrust

SOEST *Bürger von Brüssel, Krämer:* Nun schießt nur hin daß es alle wird! Ihr nehmt mir's doch nicht! Drei Ringe schwarz*, die habt ihr eure Tage nicht geschossen. Und so wär' ich für dies Jahr Meister.

Dreimal müsstet ihr ins Schwarze treffen

JETTER Meister und König* dazu. Wer mißgönnts euch? Ihr sollt dafür auch die Zeche doppelt bezahlen, ihr sollt eure Geschicklichkeit bezahlen wie's recht ist.

Schützenkönig

BUYCK *Holländer, Soldat unter Egmont:* Jetter den Schuß handl' ich euch ab*, teile den Gewinst, traktiere* die Herrn, ich bin so schon lange hier und für viele Höflichkeit Schuldner. Fehl' ich, so ist's als wenn ihr geschossen hättet.

Ich möchte an eurer Stelle schießen

bewirte, halte frei

SOEST Ich sollte drein reden*, denn eigentlich verlier' ich dabei. Doch Buyck nur immer hin.

protestieren, widersprechen

BUYCK *schießt:* Nun ⌜Pritschmeister Reverenz⌝! – Eins! Zwei! Drei! Vier!

SOEST Vier Ringe? es sei!

ALLE Vivat* Herr König hoch! und abermal hoch.

(lat.) Es lebe!

BUYCK Danke ihr Herren! Wäre Meister zu viel! Danke für die Ehre.

JETTER Die habt Ihr Euch selbst zu danken.

RUYSUM *Friesländer Invalide und taub:* Daß ich euch sage!

SOEST Wie ists Alter?

RUYSUM Daß ich euch sage – Er schießt wie sein Herr, ⌜er schießt wie Egmont⌝.

BUYCK Gegen ihn bin ich nur ein armer Schlucker. Mit der Büchse trifft er erst, wie keiner in der Welt. Nicht etwa wenn er Glück oder gute Laune hat, nein wie er anlegt immer rein schwarz geschossen*. Gelernt habe ich von ihm. Das wäre auch ein Kerl der bei ihm diente und nichts von ihm lernte. – Nicht zu vergessen meine Herren! Ein König nährt seine Leute und so, auf des Königs Rechnung, Wein her!

genau in die Mitte geschossen

JETTER Es ist unter uns ausgemacht daß jeder –

BUYCK Ich bin fremd und König und achte eure Gesetze und Herkommen nicht.

JETTER Du bist ja ärger als der Spanier* der hat sie uns doch bisher lassen müssen.

Gemeint ist König Philipp II.

RUYSUM Was?

SOEST *laut:* Er will uns gastieren*, er will nicht haben daß wir zusammen legen und der König nur das doppelte zahlt.

bewirten, freihalten

RUYSUM Laßt ihn! Doch ohne Präjudiz*! Das ist auch seines Herren Art, splendid* zu sein und es laufen zu lassen wo es gedeiht.

ein maßgebliches Beispiel zu geben

großzügig, freigebig

Sie bringen Wein.

ALLE Ihro Majestät Wohl! Hoch!

JETTER *zu Buyck:* Versteht sich Eure Majestät.

BUYCK Danke von Herzen wenn's doch so sein soll.

SOEST Wohl! Denn unsrer spanischen Majestät Gesundheit trinkt nicht leicht ein Niederländer von Herzen.

RUYSUM Wer?

SOEST *laut:* Philipps des zweiten, Königs in Spanien.

RUYSUM Unser allergnädigster König und Herr! Gott geb ihm langes Leben.

SOEST Hattet Ihr seinen Herrn Vater Carl den fünften nicht lieber?

RUYSUM Gott tröst' ihn! Das war ein Herr! ⌜Er hatte die Hand über dem ganzen Erdboden⌝, und war euch alles in allem, und wenn er euch begegnete; so grüßt er euch wie ein Nachbar den andern, und wenn ihr verschrokken war't, wußt er mit so guter Manier – Ja versteht mich – Er ging aus, ritt aus wie's ihm einkam gar mit wenig Leuten. ⌜Haben wir doch alle geweint wie er seinem Sohne das Regiment hier abtrat⌝ – sagt ich, versteht mich – der ist schon anders, der ist majestätischer.

JETTER Er ließ sich nicht sehen da er hier war als* im Prunk und königlichen Staate. Er spricht wenig sagen die Leute.

Hier: außer

SOEST Es ist kein Herr für uns Niederländer. Unsre Fürsten müssen froh und frei sein wie wir, leben und leben lassen. Wir wollen nicht verachtet noch gedruckt* sein so gutherzige Narren wir auch sind.

gedrückt, umarmt

JETTER Der König denk ich wäre wohl ein gnädger Herr, wenn er nur bessere Ratgeber hätte.

SOEST Nein, nein! Er hat kein Gemüt* gegen uns Niederländer, sein Herz ist dem Volke nicht geneigt, er liebt uns nicht, wie können wir ihn wieder lieben. Warum ist alle Welt dem Grafen Egmont so hold*? warum trügen wir ihn alle auf den Händen? Weil man ihm ansieht daß er uns wohlwill, weil ihm die Fröhlichkeit, das freie Leben die gute Meinung aus den Augen sieht, weil er nichts besitzt, das er dem Dürftigen nicht mitteilte, auch dem ders nicht bedarf. Laßt den Grafen Egmont leben! Buyck an euch ist's die erste Gesundheit zu bringen! Bringt eures Herrn Gesundheit aus!

Empfindung, Neigung

zugetan, wohlgesinnt

BUYCK Von ganzer Seele denn: Graf Egmont hoch!

RUYSUM Überwinder bei ⌜St. Quintin⌝.

BUYCK Dem Helden von ⌜Gravelingen⌝.

ALLE Hoch!

RUYSUM St. Quintin war meine letzte Schlacht, ich konnte kaum mehr fort, kaum die schwere Büchse mehr schleppen. Hab ich doch den Franzosen noch eins auf den Pelz gebrennt und da kriegt ich zum Abschied noch einen Streifschuß ans rechte Bein.

BUYCK Gravelingen! Freunde! da gings frisch! den Sieg haben wir allein. Brannten und sengten die welschen*

Hier: die franz.

Hunde nicht durch ganz Flandern? Aber ich mein wir trafen sie! Ihre alten handfesten Kerle hielten lange wieder, und wir drängten und schossen und hieben, daß sie die Mäuler verzerrten und ihre Linien zuckten. Da ward Egmont das Pferd unter dem Leibe niedergeschossen*, und wir stritten lange hinüber, herüber, Mann für Mann, Pferd gegen Pferd, Haufe mit Haufe auf dem breiten flachen Sand' an der See hin. Auf einmal kams wie vom Himmel herunter, von der Mündung des Flusses, bav! bau! immer mit Kanonen in die Franzosen drein. Es waren Engländer, die unter dem Admiral Malin von ohngefähr von Dünkirchen her vorbeifuhren. Zwar viel halfen sie uns nicht, sie konnten nur mit den kleinsten Schiffen herbei, und das nicht nah genug, schossen auch wohl unter uns – Es tat doch gut! Es brach die Welschen und hob unsern Mut. Da gings! Rick! rack! Herüber hinüber! Alles tot geschlagen, alles ins Wasser gesprengt*. Und die Kerle ersoffen wie sie das Wasser schmeckten, und was wir Holländer waren grad hinten drein, uns die wir beidlebig* sind ward erst wohl im Wasser wie den Fröschen und immer die Feinde im Fluß zusammengehauen, weggeschossen wie die Enten. Was nun noch durchbrach, schlugen euch auf der Flucht die Bauerweiber mit Hacken und Mistgabeln tot. Mußte doch die welsche Majestät gleich das Pfötchen reichen und ⌜Friede machen⌝. Und den Frieden seid ihr uns schuldig, dem großen Egmont schuldig!

Vgl. Erl. zu 8.6.

getrieben

Amphibisch: auf dem Wasser und dem Lande lebend – wie die Holländer

ALLE Hoch! dem großen Egmont hoch! und abermal hoch! und abermal hoch.

JETTER Hätte man uns den statt der Margrete von Parma zum Regenten gesetzt*.

Vgl. Erl. zu 8.2.

SOEST Nicht so! Wahr bleibt wahr ich lasse mir Margarethen nicht schelten. Nun ists an mir. Es lebe unsre gnädge Frau.

ALLE Sie lebe!

SOEST ⌜Wahrlich treffliche Weiber sind in dem Hause.⌝ Die Regentin lebe!

JETTER Klug ist sie und mäßig in allem was sie tut, hielte sie's nur nicht so steif und fest mit den Pfaffen*. Sie ist doch auch mit Schuld daß wir die ⌜vierzehn neue Bischofsmützen⌝ im Lande haben! Wozu die nur sollen. Nicht wahr daß man Fremde in die guten Stellen einschieben kann, wo sonst ⌜Äbte aus den Kapiteln gewählt wurden⌝ und wir sollen glauben es sei um der Religion willen. Ja es hat sich. An drei Bischöfen hatten wir genug da gings ehrlich und ordentlich zu. Nun muß doch auch jeder tun als ob er nötig wäre und da setzts allen Augenblick Verdruß und Händel*. Und je mehr ihr das Ding rüttelt und schüttelt desto trüber wirds.

Abwertend für: Priester, Geistliche

Handgreiflichkeiten, Streitereien

Sie trinken.

SOEST Das war nun des Königs Wille, sie kann nichts davon noch dazu tun.

JETTER Da sollen wir nun ⌜die neuen Psalmen⌝ nicht singen. Sie sind wahrlich gar schön in Reimen gesetzt und haben recht erbauliche Weisen. Die sollen wir nicht singen, aber Schelmenlieder* soviel wir wollen. Und warum? Es seien Ketzereien drin sagen sie, und Sachen, Gott weiß. Ich hab ihrer doch auch gesungen, es ist jetzt was neues, ich hab' nichts drin gesehen.

weltliche Lieder

BUYCK Ich wollte sie fragen! In unsrer Provinz singen wir was wir wollen. Das macht daß Graf Egmont unser Statthalter ist, der fragt nach so etwas nicht. – In Gent*, Ypern*, durch ganz Flandern singt sie wer Belieben hat. *laut:* Es ist ja wohl nichts unschuldiger als ein geistlich Lied? Nicht wahr Vater.

Hauptstadt der belg. Provinz Ostflandern

Stadt im Süden Westflanderns

RUYSUM Ei wohl! Es ist ja ein Gottesdienst, eine Erbauung.

JETTER Sie sagen aber es sei nicht auf die rechte Art, nicht auf ihre Art und gefährlich ist's doch immer, da läßt mans lieber sein. Die Inquisitions Diener schleichen herum und passen auf, mancher ehrliche Mann ist schon unglücklich gewesen. Der Gewissenszwang fehlte noch! Da ich nicht tun darf was ich möchte können sie mich doch denken und singen lassen was ich will.

SOEST ⌜Die Inquisition kommt nicht auf.⌝ Wir sind nicht gemacht wie die Spanier unser Gewissen tyrannisieren zu lassen. Und der Adel muß auch bei Zeiten suchen ihr die Flügel zu beschneiden.

JETTER Es ist sehr fatal. Wenns den lieben Leuten einfällt in mein Haus zu stürmen und ich sitze an meiner Arbeit, und humme just* einen französchen Psalmen und denke nichts dabei, weder Gutes noch Böses, ich summe ihn aber, weil er mir in der Kehle ist; gleich bin ich ein Ketzer und werde eingesteckt. Oder ich gehe über Land und bleibe bei einem Haufen Volks stehn, das einem neuen Prediger zu hört, einem von denen die aus Deutschland gekommen sind*; auf der Stelle heiß ich ein Rebell und komme in Gefahr meinen Kopf zu verlieren. Habt ihr je einen predigen hören?

summe gerade

Lutheraner, keine Calvinisten aus Frankreich

SOEST Wackre Leute. Neulich hört ich einen auf dem Felde vor tausend und tausend Menschen sprechen. Das war ein ander Geköch* als wenn unsre auf der Kanzel herumtrommeln und die Leute mit Lateinischen Brocken erwürgen. Der sprach von der Leber weg, sagte wie sie uns bisher hätten bei der Nase herumgeführt, uns in der Dummheit erhalten und wie wir mehr Erleuchtung haben könnten – und das bewies er euch alles aus der Bibel.

Predigt als Gericht; etwas ganz anderes

JETTER Da mag doch auch was dran sein. Ich sagts immer selbst und grübelte so über die Sache nach. Mir ists lang im Kopf herumgegangen.

BUYCK Es läuft ihnen auch alles Volk nach.

SOEST Das glaub ich, wo man was Guts hören kann und was Neues.

JETTER Und was ist's denn nun man kann ja einen jeden predigen lassen nach seiner Weise.

BUYCK Frisch ihr Herrn! über dem Kannegießern* vergeßt ihr den Wein und Oranien.

Satir. Bezeichnung für das Politisieren am Stammtisch

JETTER Den nicht zu vergessen. Das ist ein rechter Wall, wenn man nur an ihn denkt, meint man gleich man könnte sich hinter ihn verstecken und der Teufel brächte einen nicht hervor. Hoch Wilhelm von Oranien! Hoch!

ALLE Hoch! Hoch!

SOEST Nun Alter bring auch deine Gesundheit.

RUYSUM Alte Soldaten! Alle Soldaten! Es lebe der Krieg!

BUYCK Bravo Alter! Alle Soldaten! Es lebe der Krieg.

JETTER Krieg! Krieg! Wißt ihr auch was ihr ruft? Daß es euch leicht vom Munde geht, ist wohl natürlich, wie lumpig aber unser einem dabei zu Mute ist, kann ich nicht sagen. Das ganze Jahr das Getrommel zu hören, und nichts zu hören als wie da ein Haufen gezogen kommt und dort ein andrer, wie sie über einen Hügel kamen und bei einer Mühle hielten, wie viel da geblieben sind, wieviel dort und wie sie sich drängen und einer gewinnt der andre verliert ohne daß man sein Tage begreift wer was gewinnt oder verliert. Wie eine Stadt eingenommen wird, die Bürger ermordet werden und wie es den armen Weibern, den unschuldigen Kindern ergeht. Das ist eine Not und Angst man denkt jeden Augenblick: da kommen sie! Es geht uns auch so.

SOEST Drum muß auch ein Bürger immer in Waffen geübt sein.

JETTER Ja es übt sich, wer Frau und Kinder hat. Und doch hör ich noch lieber von Soldaten als ich sie sehe.

BUYCK Das sollt ich übel nehmen.

JETTER Auf Euch ists nicht gesagt, Landsmann! ⌜Wie wir die Spanischen Besatzungen los waren, holten wir wieder Atem.⌝

SOEST Gelt die lagen dir am schwersten auf.

JETTER Vexier Er sich.*

(franz.) Ärgere er sich! Necke er sich selbst!

SOEST Die hatten scharfe Einquartierung bei dir.

JETTER Halt dein Maul.

SOEST Sie hatten ihn vertrieben aus der Küche, dem Keller, der Stube – dem Bette.

Sie lachen.

JETTER Du bist ein Tropf.

BUYCK Friede! ihr Herrn! Muß der Soldat Friede rufen! – Nun da ihr von uns nichts hören wollt, nun bringt auch eure Gesundheit aus, eine bürgerliche Gesundheit.

JETTER Dazu sind wir bereit! Sicherheit und Ruhe!

SOEST Ordnung und Freiheit!

BUYCK Brav das sind auch wir zufrieden.

Sie stoßen an und wiederholen fröhlich die Worte, doch so daß jeder ein anderes ausruft und es eine Art Canon wird. Der Alte horcht und fällt endlich auch mit ein.

ALLE Sicherheit und Ruhe! Ordnung und Freiheit!

Palast der Regentin

⌜Margarethe von Parma in Jagdkleidern⌝
Hofleute. Pagen. Bediente.

REGENTIN Ihr stellt das Jagen ab, ich werde heut nicht reiten. Sagt ⌜Machiavellen⌝ er soll zu mir kommen.

Alle gehn ab.

Der Gedanke an ⌜diese schröckliche Begebenheiten⌝ läßt mir keine Ruhe. Nichts kann mich ergötzen, nichts mich zerstreuen, immer sind diese Bilder, diese Sorgen vor mir.

Nun wird der König sagen, dies seien die Folgen meiner Güte, meiner Nachsicht, und doch sagt mir mein Gewissen jeden Augenblick das rätlichste*, das Beste getan zu haben. Sollte ich früher mit dem Sturme des Grimmes diese Flammen anfachen und umhertreiben? Ich hoffte sie zu umstellen, sie in sich selbst zu verschütten. Ja, was ich mir selbst sage, was ich wohl weiß, entschuldigt

ratsamste

mich vor mir selbst, aber wie wird es mein Bruder aufnehmen? Denn, ist es zu leugnen? Der Übermut der fremden Lehrer* hat sich täglich erhöht, sie haben unser Heiligtum gelästert, die stumpfen Sinnen des Pöbels zerrüttet und den Schwindelgeist* unter sie gebannt*. Unreine Geister haben sich unter die Aufrührer gemischt und schröckliche Taten sind geschehen, die zu denken schauderhaft ist, und die ich nun einzeln nach Hofe* zu berichten habe. Schnell und einzeln*, damit mir der allgemeine Ruf* nicht zuvor komme, damit der König nicht denke man wolle noch mehr verheimlichen. Ich sehe kein Mittel, weder strenges noch gelindes, dem Übel zu steuern. ⌜O was sind wir Große auf der Woge der Menschheit? wir glauben sie zu beherrschen und sie treibt uns auf und nieder, hin und her.⌝

Machiavell tritt auf.

REGENTIN Sind die Briefe an den König aufgesetzt?

MACHIAVELL In einer Stunde werdet Ihr sie unterschreiben können.

REGENTIN Habt Ihr den Bericht ausführlich genug gemacht?

MACHIAVELL Ausführlich und umständlich wie es der König liebt. Ich erzähle wie zu erst um St. Omer* ⌜die bilderstürmerische Wut⌝ sich zeigt. Wie eine rasende Menge mit Stäben, Beilen, Hämmern, Leitern, Stricken versehen, von wenig bewaffneten begleitet, erst Kapellen, Kirchen und Klöster anfallen, die Andächtigen verjagen, die verschloßnen Pforten aufbrechen, alles umkehren, die Altäre niederreißen, die Statuen der Heiligen zerschlagen, alle Gemälde verderben, alles was sie nur geweihtes, geheiligtes antreffen, zerschmettern, zerreißen, zertreten. Wie sich der Haufe unterwegs vermehrt, die Einwohner von Ypern ihnen die Tore eröffnen, wie sie den Dom mit unglaublicher Schnelle verwüsten, die Bibliothek des Bischofs verbrennen. Wie eine große

lutherische und calvinistische Prediger

(bibl.) Dämon, der Schwindel auslöst

hineingebracht, verbreitet

an den Königshof in Madrid

in allen Einzelheiten, ausführlich

das Gerücht

Stadt im Süden Flanderns

Menge Volks, von gleichem Unsinn ergriffen sich über Menin, Comines, Verwich, Lille* verbreitet, nirgends Widerstand findet und wie fast durch ganz Flandern in Einem Augenblicke die ungeheure Verschwörung sich erklärt und ausgeführt ist.

Städte in Flandern, heute im franz.-belg. Grenzgebiet

MARGARETHE Ach wie ergreift mich auf's neue der Schmerz bei deiner Wiederholung und die Furcht gesellt sich dazu: das Übel werde nur größer und größer werden. Sagt mir eure Gedanken Machiavell!

MACHIAVELL Verzeihen Ew. Hoheit meine Gedanken sehen Grillen* so ähnlich und wenn Ihr auch immer mit meinen Diensten zufrieden wart habt Ihr doch selten meinem Rate folgen mögen. Ihr sagtet oft im Scherze, du siehst zu weit Machiavell, du solltest Geschichtschreiber sein, wer handelt muß fürs nächste sorgen. Und doch habe ich diese Geschichte nicht voraus erzählt? hab ich nicht alles vorausgesehen.

seltsamen, närrischen Einfällen

REGENTIN Ich sehe auch viel voraus, ohne es ändern zu können.

MACHIAVELL Ein Wort für tausend: Ihr unterdrückt die neue Lehre nicht. Laßt sie gelten, sondert sie von den Rechtgläubigen*, gebt ihnen Kirchen, faßt sie in die bürgerliche Ordnung, schränkt sie ein und so habt Ihr die Aufrührer auf einmal zur Ruhe gebracht. Jede andre Mittel sind vergeblich und Ihr verheert das Land.

Katholiken

REGENTIN Hast du vergessen mit welchem Abscheu mein Bruder selbst die Frage verwarf, ob man die neue Lehre dulden könne? Weißt du nicht wie er mir in jedem Briefe die Erhaltung des wahren Glaubens aufs eifrigste empfiehlt, daß er Ruhe und Einigkeit auf Kosten der Religion nicht hergestellt wissen will? Hält er nicht selbst in den Provinzen Spionen die wir nicht kennen, um zu erfahren wer sich zu der neuen Meinung hinüber neigt? Hat er nicht zu unsrer Verwunderung uns diesen und jenen genannt, der sich in unsrer Nähe heimlich der Ketzerei schuldig machte? Befiehlt er nicht Strenge und Schärfe und ich soll gelind sein, ich soll Vorschläge tun daß er nachsehe, daß er dulde? Würde ich nicht alles Vertrauen, allen Glauben bei ihm verlieren?

MACHIAVELL Ich weiß wohl der König befiehlt, er läßt Euch seine Absichten wissen. Ihr sollt Ruhe und Friede wieder herstellen durch ein Mittel das die Gemüter noch mehr erbittert, das den Krieg unvermeidlich an allen Enden anblasen wird. Bedenkt was ihr tut. Die größten Kaufleute sind angesteckt, der Adel, das Volk, die Soldaten. Was hilft es auf seinen Gedanken beharren, wenn sich um uns alles ändert. Möchte doch ein guter Geist Philippen eingeben, daß es einem Könige anständiger ist Bürger zweierlei Glaubens zu regieren als sie durch einander aufzureiben.

MARGARETHE Solch ein Wort nie wieder. Ich weiß wohl daß Politik selten Treu und Glauben halten kann; daß sie Offenheit, Gutherzigkeit, Nachgiebigkeit aus unsern Herzen ausschließt, in weltlichen Geschäften ist das leider nur zu wahr. Sollen wir aber auch mit Gott spielen wie unter einander, sollen wir gleichgültig gegen unsre bewährte Lehre sein, für die so viele ihr Leben aufgeopfert haben, die sollten wir hingeben an die hergelaufne, ungewisse sich selbst widersprechende Neuerungen?

MACHIAVELL Denkt nur deswegen nicht übler von mir.

MARGARETHE Ich kenne dich und deine Treue, und weiß daß einer ein ehrlicher und verständiger Mann sein kann, wenn er gleich den nächsten besten Weg zum Heile seiner Seele verfehlt hat. Es sind noch andre, Machiavell, Männer die ich schätzen und tadeln muß.

MACHIAVELL Wen bezeichnet Ihr mir?

MARGARETHE Ich kann es gestehn ⌜daß mir Egmont heute einen recht innerlichen, tiefen Verdruß erregte.

MACHIAVELL Durch welches Betragen?

MARGARETHE Durch sein gewöhnliches, durch Gleichgültigkeit und Leichtsinn.⌝ Ich erhielt die schröckliche Botschaft eben als ich von vielen und ihm begleitet aus der Kirche ging. Ich hielte meinen Schmerz nicht an, ich beklagte mich laut und rief indem ich mich zu ihm wendete: Seht was in Eurer Provinz entsteht! das duldet ihr Graf von dem der König sich alles versprach.

MACHIAVELL Und was antwortete er?

MARGARETHE Als wenn es nichts, als wenn es eine Nebensache wäre, versetzte er: Wären nur erst die Niederländer über ihre Verfassung beruhigt! das übrige würde sich leicht geben.

MACHIAVELL Vielleicht hat er wahrer als klug und fromm gesprochen. Wie soll Zutrauen en⟨t⟩stehen und bleiben wenn der Niederländer sieht daß es mehr um seine Besitztümer als um sein Wohl, um seiner Seelen Heil zu tun ist. Haben die neuen Bischöfe mehr Seelen gerettet als fette Pfründen* geschmaust? und sind es nicht meist Fremde? Noch werden alle Statthalterschaften mit Niederländern besetzt, lassen sich es die Spanier nicht zu deutlich merken daß sie die größte und unwiderstehlichste Begierde nach diesen Stellen empfinden? Will ein Volk nicht lieber nach seiner Art, von den seinigen regiert werden als von Fremden, die erst im Lande sich wieder Besitztümer auf Unkosten aller zu erwerben suchen, die einen fremden Maßstab mitbringen und unfreundlich und ohne Teilnehmung herrschen.

Geistl. Amt mit gutem Einkommen

MARGARETHE Du stellst dich auf die Seite der Gegner.

MACHIAVELL Mit dem Herzen gewiß nicht und wollte ich könnte mit dem Verstande ganz auf der unsrigen sein.

MARGARETHE Wenn du so willst; so tat es not ich träte ihnen meine Regentschaft ab; denn Egmont und Oranien machten sich große Hoffnung diesen Platz einzunehmen. Damals waren sie Gegner jetzt sind sie gegen mich verbunden, sind Freunde, unzertrennliche Freunde geworden.

MACHIAVELL Ein gefährliches Paar!

MARGARETHE Soll ich aufrichtig reden ⌜ich fürchte Oranien, und ich fürchte für Egmont⌝. Oranien sinnt nichts Gutes, seine Gedanken reichen in die Ferne, er ist heimlich, scheint alles anzunehmen, widerspricht nie und in tiefster Ehrfurcht, mit größter Vorsicht, tut er was ihm beliebt.

MACHIAVELL Recht im Gegenteil geht Egmont einen freien Schritt als wenn die Welt sein gehörte.

MARGARETHE Er trägt das Haupt so hoch als wenn die Hand der Majestät nicht über ihm schwebte.

MACHIAVELL Die Augen des Volks sind alle nach ihm gerichtet und die Herzen hängen an ihm.

MARGARETHE Nie hat er einen Schein vermieden, als wenn niemand Rechenschaft von ihm zu fordern hätte. ⌜Noch trägt er den Namen Egmont. Graf Egmont freut ihn sich nennen zu hören, als wollte er nicht vergessen daß seine Vorfahren Besitzer von Geldern waren. Warum nennt er sich nicht Prinz von Gaure? wie es ihm zukommt? Warum tut er das? Will er erloschne Rechte wieder geltend machen.⌝

MACHIAVELL Ich halte ihn für einen treuen Diener des Königs.

MARGARETHE Wenn er wollte, wie verdient könnte er sich um die Regierung machen, anstatt daß er uns schon, ohne sich zu nutzen, unsäglichen Verdruß gemacht hat. Seine Gesellschaften, Gastmahle und Gelage haben den Adel mehr verbunden und verknüpft als die gefährlichsten heimlichen Zusammenkünfte. Mit seinen Gesundheiten* haben die Gäste einen dauernden Rausch einen nie sich verziehenden Schwindel geschöpft. Wie oft setzt er durch seine Scherzreden die Gemüter des Volks in Bewegung und wie stutzte der Pöbel über ⌜die neuen Livreen über die törigen Abzeichen der Bedienten⌝.

Trinksprüchen auf die Gesundheit der Gäste

MACHIAVELL Ich bin überzeugt es war ohne Absicht.

MARGARETHE Schlimm genug. Wie ich sage er schadet uns und nützt sich nicht. Er nimmt das Ernstliche scherzhaft, und wir, um nicht müßig und nachlässig zu scheinen, müssen das Scherzhafte ernstlich nehmen. So hetzt eins das andre, und was man abzuwenden sucht das macht sich erst recht. Er ist gefährlicher als ein entschiednes Haupt einer Verschwörung und ich müßte mich sehr irren wenn man ihm bei Hofe nicht alles gedenkt*. Ich kann nicht leugnen, es vergeht wenig Zeit daß er mich nicht empfindlich*, sehr empfindlich macht.

nicht alles gedenkt: nicht alles dies vorhält, zutraut

empfindlich: Hier: verdrießlich

MACHIAVELL Er scheint mir in allem nach seinem Gewissen zu handeln.

MARGARETHE Sein Gewissen hat einen gefälligen Spiegel*. Sein Betragen ist oft beleidigend. Er sieht oft aus als wenn er in der völligen Überzeugung lebe er sei Herr und wolle es uns nur aus Gefälligkeit nicht fühlen lassen, wolle uns so grade nicht zum Lande hinaus jagen, es werde sich schon geben.

Spiegel: Er will die Dinge so sehen, wie er sie sehen will.

MACHIAVELL Ich bitte Euch legt seine Offenheit, sein glücklich Blut, das alles wichtige leicht behandelt nicht zu gefährlich aus. Ihr schadet nur ihm und Euch.

MARGARETHE Ich lege nichts aus, ich spreche nur von den unvermeidlichen Folgen, und ich kenn ihn. Sein niederländischer Adel und sein ⌜golden Vlies⌝ vor der Brust stärken sein Vertraun, seine Kühnheit. Beides kann ihn vor einem schnellen, willkürlichen Unmut des Königs schützen. Untersuch es genau an dem ganzen Unglück, das Flandern trifft, ist er doch nur allein Schuld. Er hat zu erst den fremden Lehrern nachgesehn, hats so genau nicht genommen und vielleicht sich heimlich gefreut, daß wir etwas zu schaffen hatten. Laß mich nur! Was ich auf dem Herzen habe, soll bei dieser Gelegenheit davon. Und ich will die Pfeile nicht umsonst verschießen ich weiß wo er empfindlich ist. Er ist auch empfindlich.

MACHIAVELL Habt Ihr den Rat* zusammen berufen lassen? Kommt Oranien auch?

Rat: Von Philipp nach seiner Abreise eingesetzter Staatsrat der Niederlande

MARGARETHE Ich habe nach Antwerpen um ihn geschickt. Ich will ihnen die Last der Verantwortung nahe genug zu wälzen, sie sollen sich mit mir dem Übel ernstlich entgegen setzen oder sich auch als Rebellen erklären. Eile daß die Briefe fertig werden und bringe mir sie zur Unterschrift. Dann sende schnell den bewährten Vaska nach Madridt, er ist unermüdet und treu, daß mein Bruder zuerst durch ihn die Nachricht erfahre, daß der Ruf ihn nicht übereile. Ich will ihn selbst noch sprechen eh er abgeht.

MACHIAVELL Eure Befehle sollen schnell und genau befolgt werden.

Bürgerhaus

Clare. Clarens Mutter. Brackenburg

CLARE Wollt Ihr mir nicht das Garn halten, Brackenburg?

BRACKENBURG Ich bitt' Euch verschont mich Clärchen.

CLARE Was habt Ihr wieder? Warum versagt Ihr mir diesen kleinen Liebesdienst?

BRACKENBURG Ihr bannt mich mit dem Zwirn so fest vor Euch hin, ich kann Euren Augen nicht ausweichen.

CLARE Grillen! Kommt und haltet!

MUTTER *im Sessel strickend:* Singt doch eins! Brackenburg sekundiert* so hübsch. Sonst wart ihr lustig, und ich hatte immer was zu lachen.

begleitet, singt die zweite Stimme

BRACKENBURG Sonst.

CLARE Wir wollen singen.

BRACKENBURG Was Ihr wollt.

CLARE Nur hübsch munter und frisch weg! Es ist ein Soldatenliedchen, mein Leibstück*. *Sie wickelt Garn und singt mit Brackenburg:*

Lieblingsstück

Die Trommel gerühret!
Das Pfeifchen gespielt!

Mein Liebster gewaffnet
dem Haufen befiehlt.
Die Lanze hoch führet
die Leute regieret.
Wie klopft mir das Herze!
Wie wallt mir das Blut!

Soldatenrock

O hätt ich ein Wämslein*
und Hosen und Hut.
Ich folgt ihm zum Tor 'naus
mit mutigem Schritt,
ging durch die Provinzen
ging überall mit.
Die Feinde schon weichen
wir schießen hinterdrein!
Welch Glück sonder gleichen
ein Mannsbild zu sein.

Brackenburg hat unter dem Singen Clärchen oft angesehen, zuletzt bleibt ihm die Stimme stocken, die Tränen kommen ihm in die Augen, er läßt den Strang fallen und geht ans Fenster, Clärchen singt das Lied allein aus, die Mutter winkt ihr halb unwillig, sie steht auf, geht einige Schritte nach ihm hin, kehrt halb unschlüssig wieder um, und setzt sich.

MUTTER Was gibts auf der Gasse Brackenburg? ich höre marschieren.

BRACKENBURG Es ist die Leibwache der Regentin.

CLARE Um diese Stunde? was soll das bedeuten? *Sie steht auf und geht an das Fenster zu Brackenburg.* Das ist nicht die tägliche Wache, das sind weit mehr! Fast alle ihre Haufen. O Brackenburg geht! Hört einmal was es gibt? Es muß etwas besonders sein. Geht guter Brackenburg tut mir den Gefallen.

BRACKENBURG Ich gehe! Ich bin gleich wieder da. *Er reicht ihr abgehend die Hand, sie gibt ihm die ihrige.*

MUTTER Du schickst ihn schon wieder weg!

CLARE Ich bin neugierig. Und auch verdenkt mirs nicht. Seine Gegenwart tut mir weh. Ich weiß immer nicht wie ich mich gegen ihn betragen soll. Ich habe unrecht gegen ihn, und mich nagts am Herzen daß er es so lebendig fühlt. – Kann ich's doch nicht ändern!

MUTTER Es ist ein so treuer Bursche.

CLARE Ich kanns auch nicht lassen, ich muß ihm freundlich begegnen. Meine Hand drückt sich oft unversehens zu, wenn die seine mich so leise so liebevoll anfaßt. Ich mache mir Vorwürfe daß ich ihn betrüge, daß ich in seinem Herzen eine vergebliche Hoffnung nähre. Ich bin übel dran. Weiß Gott ich betrüg ihn nicht. Ich will nicht daß er hoffen soll, und ich kann ihn doch nicht verzweifeln lassen.

MUTTER Das ist nicht gut.

CLARE Ich hatte ihn gern und will ihm auch noch wohl in der Seele. Ich hätte ihn heuraten können und glaube ich war nie in ihn verliebt.

MUTTER Glücklich wärst du immer mit ihm gewesen.

CLARE Wäre versorgt und hätte ein ruhiges Leben.

MUTTER Und das ist alles durch deine Schuld verscherzt.

CLARE Ich bin in einer wunderlichen Lage. Wenn ich so nachdenke wie es gegangen ist, weiß ich s wohl und weiß es nicht. Und dann darf* ich Egmonten nur wieder ansehn; wird mir alles sehr begreiflich, wäre mir weit mehr begreiflich. Ach was ists ein Mann! Alle Provinzen beten ihn an, und ich in seinem Arm sollte nicht das glücklichste Geschöpf von der Welt sein.

Hier: brauch

MUTTER Wie wirds in der Zukunft werden?

CLARE Ach ich frage nur ob er mich liebt, und ob er mich liebt? ist das eine Frage?

MUTTER Man hat nichts als Herzensangst mit seinen Kindern. Wie das ausgehen wird? Immer Sorge und Kummer! Es geht nicht gut aus! Du hast dich unglücklich gemacht! mich unglücklich gemacht.

CLARE *gelassen:* Ihr ließet es doch im Anfange.

MUTTER Leider war ich zu gut, bin immer zu gut.

CLARE Wenn Egmont vorbeiritt und ich ans Fenster lief, schaltet Ihr mich da? Tratet Ihr nicht selbst ans Fenster? Wenn er herauf sah, lächelte, nickte, mich grüßte, war es Euch zuwider? Fandet Ihr Euch nicht selbst in Eurer Tochter geehrt?

MUTTER Mache mir noch Vorwürfe.

CLARE *gerührt:* Wenn er nun öfter die Straße kam, und wir wohl fühlten daß er um meinetwillen den Weg machte, bemerktet Ihrs nicht selbst mit heimlicher Freude? Rieft Ihr mich ab wenn ich hinter den Scheiben stand und ihn erwartete?

MUTTER Dachte ich daß es soweit kommen sollte.

CLARE *mit stockender Stimme und zurückgehaltnen Tränen:* Und wie er uns Abends in den Mantel eingehüllt bei der Lampe überraschte, wer war geschäftig ihn zu empfangen? da ich auf meinem Stuhl wie angekettet und staunend sitzen blieb.

MUTTER Und konnte ich fürchten daß diese unglückliche Liebe das kluge Clärgen sobald hinreißen würde. Ich muß es nun tragen daß meine Tochter –

CLARE *mit ausbrechenden Tränen:* Mutter! Ihr wollts nun! Ihr habt Eure Freude mich zu ängstigen.

MUTTER *weinend:* Weine noch gar! mache mich noch elender durch deine Betrübnis! Ist mir's nicht Kummer genug daß meine einzige Tochter ein verworfnes Geschöpf ist.

CLARE *aufstehend und kalt:* Verworfen! Egmonts Geliebte, verworfen? – Welche Fürstin neidete nicht das arme Clärchen um den Platz an seinem Herzen! O Mutter – meine Mutter, so redetet Ihr sonst nicht. Liebe Mutter, seid gut! – Das Volk was das denkt, die Nachbarinnen was die murmeln! – Diese Stube dieses kleine Haus ist ein Himmel seit Egmonts Liebe drin wohnt.

MUTTER Man muß ihm hold sein! das ist wahr. Er ist immer so freundlich, frei und offen.

CLARE Es ist keine falsche Ader an ihm. Seht Mutter und er ist doch der große Egmont. Und wenn er zu mir kommt, wie er so lieb ist so gut, wie er mir seinen Stand seine Tapferkeit gerne verbürge, wie er um mich besorgt ist, so nur Mensch, nur Freund, nur Liebster.

MUTTER Kommt er wohl heute?

CLARE Habt Ihr mich nicht oft ans Fenster gehen sehn? Habt Ihr nicht bemerkt wie ich horche wenns an der Türe rauscht – ob ich schon weiß daß er vor Nacht nicht kommt vermut ich ihn doch jeden Augenblick von Morgens an wenn ich aufstehe. Wär' ich nur ein Bube, und könnte immer mit ihm gehen, zu Hofe und überall hin! Könnt ihm die Fahne nachtragen in der Schlacht.

MUTTER Du warst immer so ein Springinsfeld*, als ein kleines Kind schon bald toll bald nachdenklich. Ziehst du dich nicht ein wenig besser an?

Unbekümmerter, leichtsinniger junger Mensch; lebhaftes, fröhliches Kind

CLARE Vielleicht Mutter! Wenn ich Langeweile habe. – Gestern, denkt, gingen von seinen Leuten vorbei, und sangen Lobliedchen auf ihn. Wenigstens war sein Name in den Liedern, das übrige konnt ich nicht verstehn. Das Herz schlug mir bis an den Hals – Ich hätte sie gern zurückgerufen, wenn ich mich nicht geschämt hätte.

MUTTER Nimm dich in Acht! Dein heftiges Wesen verdirbt noch alles, du verrätst dich offenbar vor den Leuten. Wie neulich bei dem Vetter, wie du den Holzschnitt und die Beschreibung fandst, und mit einem Schrei riefst Graf Egmont! – Ich ward feuerrot.

CLARE Hätt' ich nicht schreien sollen? Es war die Schlacht bei Gravelingen, und ich finde oben im Bilde den Buchstaben C. und suche unten in der Beschreibung C. steht da: Graf Egmont dem das Pferd unter dem Leibe totgeschossen wird*. Mich überliefs – und hernach mußt ich lachen über den Holzgeschnitzten Egmont, der so groß

Vgl. Erl. zu 8.6.

Turm

war als der Turn* von Gravelingen gleich dabei und die englischen Schiffe an der Seite. – Wenn ich mich manchmal erinnre wie ich mir sonst eine Schlacht vorgestellt und was ich mir als Mädchen für ein Bild vom Grafen Egmont machte, wenn sie von ihm erzählten und von allen Grafen und Fürsten – und wie mirs jetzt ist!

Brackenburg kommt.

CLARE Wie stehts?

BRACKENBURG Man weiß nichts gewisses. In Flandern soll neuerdings ein Tumult entstanden sein, die Regentin soll besorgen, er möchte sich hierher verbreiten. Das Schloß ist stark besetzt, die Bürger sind zahlreich an den Toren, das Volk summt in den Gassen. – Ich will nur schnell zu meinem alten Vater.

Als wollt er gehen.

CLARE Sieht man Euch morgen? Ich will mich ein wenig anziehen. Der Vetter kommt, und ich sehe gar zu liederlich aus. Helft mir einen Augenblick Mutter – Nehmt das Buch mit Brackenburg und bringt mir wieder so eine Historie*.

(lat.) Bericht, Erzählung, Geschichtswerk

MUTTER Lebt wohl.

BRACKENBURG *seine Hand reichend:* Eure Hand!

CLARE *ihre Hand versagend:* Wenn Ihr wiederkommt.

Mutter und Tochter ab.

BRACKENBURG *allein:* Ich hatte mir vorgenommen grade wieder fort zu gehn, und da sie es dafür aufnimmt und mich gehn läßt; möcht ich rasend werden. – Unglücklicher und dich rührt deines Vaterlandes Geschick nicht? der wachsende Tumult nicht – und gleich ist dir Landsmann oder Spanier und wer regiert und wer recht hat. – War ich doch ein andrer Junge als Schulknabe! – wenn da ein Exercitium* aufgegeben war: ⌜Brutus Rede für die Freiheit⌝, zur Übung der Redekunst, da war doch immer Fritz der erste, und der Rektor sagte, wenns nur ordentlicher wäre, nur nicht alles so übereinander gestolpert –

(lat.) Übung

damals kocht es und trieb! – Jetzt schlepp ich mich an den Augen des Mädchens so hin. Kann ich sie doch nicht lassen! Kann sie mich doch nicht lieben! – Ach – Nein – Sie – Sie kann mich nicht ganz verworfen haben – – Nicht ganz – und halb und nichts! – Ich duld' es nicht länger! – – Sollte es wahr sein was mir ein Freund neulich in's Ohr sagte? daß sie Nachts einen Mann heimlich zu sich einläßt, da sie mich, züchtig, immer vor Abend aus dem Hause treibt. Nein es ist nicht wahr, es ist eine Lüge, eine schändliche, verleumderische Lüge! Clärchen ist so unschuldig als ich unglücklich bin – Sie hat mich verworfen, hat mich von ihrem Herzen gestoßen – – Und ich soll so fortleben? Ich duld, ich duld es nicht. – – Schon wird mein Vaterland von innerm Zwiste heftiger bewegt, und ich sterbe unter dem Getümmel nur ab! Ich duld es nicht! – Wenn die Trompete klingt! Ein Schuß fällt, mir fährts durch Mark und Bein! Ach es reizt mich nicht, es fordert mich nicht auch mit einzugreifen, mit zu retten, zu wagen. – Elender, schimpflicher Zustand. Es ist besser ich end' auf einmal. Neulich stürzt ich mich in's Wasser, ich sank – aber die geängstete Natur war stärker, ich fühlte daß ich schwimmen konnte und rettete mich wider Willen – – Könnt ich der Zeiten vergessen, da sie mich liebte, mich zu lieben schien – Warum hat mir's Mark und Bein durchdrungen das Glück? Warum haben mir diese Hoffnungen allen Genuß des Lebens aufgezehrt, indem sie mir ein Paradies von weiten zeigten. – Und jener erste Kuß! Jener einzige! – Hier *die Hand auf den Tisch legend:* Hier waren wir allein – sie war immer gut und freundlich gegen mich gewesen – da schien sie sich zu erweichen, sie sah mich an – alle Sinne gingen mir um und ich fühlte ihre Lippen auf den meinigen – Und – und nun – Stirb Armer! Was zauderst du? *Er zieht ein Fläschchen aus der Tasche.* Ich will dich nicht umsonst aus meines Bruder Doktors Kästchen gestohlen haben, heilsames Gift! Du sollst mir dieses Bangen! diese Schwindel! diese Todesschweiße aufeinmal verschlingen und lösen.

Zweiter Aufzug

Platz in Brüssel

Jetter und ein Zimmermeister treten zusammen.

ZIMMERMEISTER Sagt ich's nicht voraus! Noch vor acht Tagen auf der Zunft* sagt ich, es würden schwere Händel geben.

Zunfthaus, Gebäude einer bestimmten Berufsgruppe

JETTER Ists denn wahr daß sie die Kirchen in Flandern geplündert haben?

ZIMMERMEISTER Ganz und gar zu Grunde gerichtet haben sie Kirchen und Kapellen. Nichts als die vier nackte Wände haben sie stehen lassen. Lauter Lumpengesindel! und das macht unsre gute Sache schlimm. Wir hätten eher, in der Ordnung, und standhaft unsre Gerechtsame* der Regentin vortragen und drauf halten sollen. Reden wir jetzt, versammeln wir uns jetzt; so heißt es wir gesellen uns zu den Aufwieglern.

Vorrechte, Rechte, Befugnisse

JETTER Ja so zuerst denkt jeder: was sollst du mit deiner Nase voran, hängt doch der Hals gar nah damit zusammen.

ZIMMERMEISTER Mir ists bange wenns einmal unter dem Pack zu lärmen anfängt, unter dem Volk das nichts zu verlieren hat, die brauchen das zum Vorwande, worauf wir uns auch berufen müssen, und bringen das Land in Unglück.

SOEST *tritt dazu:* Guten Tag ihr Herrn! Was gibts neues? Ists wahr daß die Bilderstürmer gerade hierher ihren Lauf nehmen?

ZIMMERMEISTER Hier sollen sie nichts anrühren.

SOEST Es trat ein Soldat bei mir ein Toback zu kaufen, den fragt ich aus. Die Regentin so eine wackre kluge Frau sie bleibt, diesmal ist sie auseinander, sie ist außer Fassung. Es muß sehr arg sein daß sie sich so grade zu hinter ihre

Wache versteckt. Die Burg ist scharf besetzt. Man meint sogar sie wolle aus der Stadt flüchten.

ZIMMERMEISTER Hinaus soll sie nicht! Ihre Gegenwart beschützt uns, und wir wollen ihr mehr Sicherheit verschaffen, als ihre Stutzbärte*. Und wenn sie uns unsere Rechte und Freiheiten aufrecht erhält; so wollen wir sie auf den Händen tragen.

Span. Soldaten mit kurz geschnittenen Kinnbärten

SEIFENSIEDER *tritt dazu:* Garstige Händel! Üble Händel! Es wird unruhig und geht schief aus! – Hütet euch daß ihr still bleibt, daß man euch nicht auch für Aufwiegler hält.

SOEST Da kommen ⌜die sieben Weisen aus Griechenland⌝.

SEIFENSIEDER Ich weiß da sind viele die es heimlich mit den Kalvinisten halten, die auf die Bischöfe lästern, die den König nicht scheuen. Aber ein treuer Untertan, ein aufrichtiger Katholike! –

Es gesellt sich nach und nach allerlei Volks zu ihnen und horcht.

VANSEN *tritt dazu:* Gott grüß euch, Herren! Was neues?

ZIMMERMEISTER Gebt euch mit dem nicht ab, das ist ein schlechter Kerl.

JETTER Ist es nicht der Schreiber beim Doktor Wiets?

ZIMMERMEISTER Er hat schon viele Herrn gehabt. Erst war er Schreiber und wie ihn ein Patron* nach dem andern fortjagte, Schelmstreiche halber; pfuscht er jetzt Notaren und Advokaten* ins Handwerk und ist ein Branntweinzapf*.

(franz.) Arbeitgeber, Herr

Beurkundungsbeamte u. Rechtsanwälte

Säufer

Es kommt mehr Volks zusammen und steht truppweise.

VANSEN Ihr seid auch versammelt, steckt die Köpfe zusammen. Es ist immer redenswert.

SOEST Ich denk auch.

VANSEN Wenn jetzt einer oder der andre Herz hätte, und einer oder der andre den Kopf dazu, wir könnten die spanischen Ketten auf einmal sprengen.

SOEST Herre! So müßt Ihr nicht reden! Wir haben dem König geschworen.

VANSEN Und der König uns. Merkt das.

JETTER Das läßt sich hören! Sagt Eure Meinung.

EINIGE ANDRE Horch der verstehts! Der hat Pfiffe*.

VANSEN Ich hatte einen alten Patron, der besaß Pergamente und Briefe, von uralten Stiftungen, Kontrakten* und Gerechtigkeiten*, er hielt auf die rarsten Bücher. In einem stund unsre ganze Verfassung: wie uns Niederländer zuerst einzelne Fürsten regierten, alles nach hergebrachten Rechten, Privilegien und Gewohnheiten; wie unsre Vorfahren alle Ehrfurcht für ihren Fürsten gehabt, wenn er sie regiert wie er sollte, und wie sie sich gleich vorsahen wenn er über die Schnur hauen* wollte. Die Staaten waren gleich hinterdrein, denn jede Provinz, so klein sie war hatte ihre Staaten ihre Landstände*.

ZIMMERMEISTER Haltet Euer Maul! Das weiß man lang. Ein jeder rechtschaffner Bürger ist, so viel er braucht von der Verfassung unterrichtet.

JETTER Laßt ihn reden, man erfährt immer etwas mehr.

SOEST Er hat ganz recht.

MEHRERE Erzählt! erzählt! So was hört man nicht alle Tage.

VANSEN So seid ihr Bürgersleute! Ihr lebt nur so in den Tag hin und wie ihr euer Gewerb von euern Eltern überkommen habt; so laßt ihr auch das Regiment über euch schalten und walten wie es kann und mag. Ihr fragt nicht nach dem Herkommen, nach der Historie, nach dem Recht eines Regenten, und über das Versäumnis haben euch die Spanier das Netz über die Ohren gezogen*.

SOEST Wer denkt dadran, wenn einer nur das tägliche Brot hat.

JETTER Verflucht! Warum tritt auch keiner in Zeiten auf, und sagt einem so etwas.

VANSEN Ich sag es euch jetzt. Der König in Spanien der die Provinzen durch gut Glück zusammen besitzt, darf doch nicht drin schalten und walten, anders als die kleinen Fürsten die sie ehmals einzeln besaßen. Begreift ihr das?

ist pfiffig, schlau, verschlagen

(lat.) Verträgen, Abmachungen

Rechtl. begründete Befugnisse o. Vorrechte

zu weit gehen

ständischen Vertretungen

übervorteilt, ausgeplündert

JETTER Erklärts uns!

VANSEN Es ist so klar als die Sonne. Müßt ihr nicht nach euren Landrechten gerichtet werden? Woher käme das?

EIN BÜRGER Wahrlich.

VANSEN Hat der Brüsseler nicht ein ander Recht als der Antwerper? der Antwerper als der Gendter? Woher käme denn das?

ANDRER BÜRGER Bei Gott!

VANSEN Aber wenn ihr's so fort laufen laßt; wird mans euch bald anders weisen. Pfui! was ⌜Karl der Kühne⌝, ⌜Friedrich der Krieger⌝, Carl der fünfte nicht konnten, das tut nun Philipp durch ein Weib.

SOEST Ja, ja die alten Fürsten habens auch schon probiert.

VANSEN Freilich! – Unsre Vorfahren paßten auf, wie sie einem Herren gram wurden; ⌜fingen sie ihm etwa seinen Sohn und Erben weg, hielten ihn bei sich, und gaben ihn nur auf die beste Bedingungen heraus⌝. Unsre Väter waren Leute! Die wußten was ihnen Nutz war! Die wußten etwas zu fassen und festzusetzen! Rechte Männer, dafür sind aber auch unsre Privilegien so deutlich, unsre Freiheiten so versichert.

SEIFENSIEDER Was sprecht Ihr von Freiheiten?

DAS VOLK Von unsern Freiheiten, von unsern Privilegien! Erzählt noch was von unsern Privilegien.

VANSEN Wir Brabanter besonders, obgleich alle Provinzen ihre Vorteile haben, wir sind am herrlichsten versehen. Ich habe alles gelesen.

SOEST Sagt an.

JETTER Laßt hören.

EIN BÜRGER Ich bitt' euch.

VANSEN Erstlich steht geschrieben: Der Herzog von Brabant soll uns ein guter und getreuer Herr sein.

SOEST Gut? steht das so?

JETTER Getreu? Ist das wahr?

VANSEN Wie ich euch sage. Er ist uns verpflichtet wie wir ihm. Zweitens: Er soll keine Macht oder eignen Willen an uns beweisen, merken lassen, oder gedenken zu gestatten*, auf keinerlei Weise.

JETTER Schön! Schön! nicht beweisen.

SOEST Nicht merken lassen.

EIN ANDRER Und nicht gedenken zu gestatten! Das ist der Hauptpunkt. Niemand gestatten, auf keinerlei Weise.

VANSEN Mit ausdrücklichen Worten.

JETTER Schafft uns das Buch.

EIN BÜRGER Ja wir müssen's haben.

ANDRE Das Buch! Das Buch!

EIN ANDRER Wir wollen zu der Regentin gehen mit dem Buche.

ANDRER Ihr sollt das Wort führen Herr Doktor.

SEIFENSIEDER O die Tropfen*.

ANDRE Noch etwas aus dem Buche!

SEIFENSIEDER Ich schlage ihm die Zähne in den Hals wenn er noch ein Wort sagt.

DAS VOLK Wir wollen sehen wer ihm etwas tut. Sagt uns was von den Privilegien! Haben wir noch mehr Privilegien?

VANSEN Mancherlei und sehr gute, sehr heilsame. Da steht auch: Der Landsherr soll den geistlichen Stand nicht verbessern, oder mehren ohne Verwilligung* des Adels und der Stände! Merkt das! Auch den Staat des Landes* nicht verändern.

SOEST Ist das so?

VANSEN Ich will's euch geschrieben zeigen von zwei, drei hundert Jahren her.

BÜRGER Und wir leiden die neuen Bischöfe! Der Adel muß uns schützen, wir fangen Händel an!

ANDRE Und wir lassen uns von der Inquisition in's Bockshorn jagen?

VANSEN Das ist eure Schuld.

DAS VOLK Wir haben noch Egmont! Noch Oranien! die sorgen für unser Bestes.

*gestatten: nicht willkürlich handeln

*Tropfen: Einfältigen

*Verwilligung: Einwilligung

*Staat des Landes: Verfassung, Regierungsform

VANSEN Eure Brüder in Flandern haben das gute Werk angefangen.

SEIFENSIEDER Du Hund! *Er schlägt ihn.*

ANDRE *widersetzen sich und rufen:* Bist du auch ein Spanier?

EIN ANDRER Was? den Ehrenmann?

ANDRER Den Gelahrten*?

Sie fallen den Seifensieder an.

(spöttisch) Gelehrten

ZIMMERMEISTER Ums Himmels willen, ruht!

Andre mischen sich in den Streit.

ZIMMERMEISTER Bürger was soll das?

Buben pfeifen, werfen mit Steinen, hetzen Hunde an, Bürger stehn und gaffen, Volk läuft zu, andre gehn gelassen auf und ab, andre treiben allerlei Schabernack und Schalkspossen, schreien und jubilieren.

Freiheit und Privilegien! Privilegien und Freiheit!

Egmont tritt auf, mit Begleitung.

EGMONT Ruhig! ruhig Leute! Was gibts? Ruhe! Bringt sie auseinander.

ZIMMERMEISTER Gnädiger Herr! Ihr kommt wie ein Engel des Himmels. Stille! seht ihr nichts? Graf Egmont! dem Grafen Egmont Reverenz*.

Achtungsbezeugung, Ehrerbietung

EGMONT Auch hier? Was fangt ihr an? Bürger gegen Bürger! Hält sogar die Nähe unsrer königlichen Regentin diesen Unsinn nicht zurück? ⌜Geht auseinander, geht an euer Gewerbe.⌝ Es ist ein übel Anzeigen wenn ihr an Werkeltagen feiert. Was wars?

Der Tumult stillt sich nach und nach und alle stehn um ihn herum.

ZIMMERMANN Sie schlagen sich um ihre Privilegien.

EGMONT Die sie noch mutwillig zertrümmern werden. – und wer seid ihr? Ihr scheint mir rechtliche* Leute.

rechtschaffene

ZIMMERMEISTER Das ist unser Bestreben.

EGMONT Eures Zeichens?

ZIMMERMEISTER Zimmermann und Zunftmeister.

EGMONT Und Ihr?

SOEST Krämer.

EGMONT Ihr?

JETTER Schneider.

EGMONT Ich erinnre mich, Ihr habt mit an den Livreen für meine Leute gearbeitet. Euer Name ist Jetter.

JETTER Gnade daß Ihr Euch dessen erinnert.

EGMONT ⌜Ich vergesse niemanden leicht den ich einmal gesehen und gesprochen habe.⌝ – Was an euch ist Ruhe zu erhalten, Leute, das tut, ihr seid übel genug angeschrieben. Reizt den König nicht mehr, er hat zuletzt doch die Gewalt in Händen. Ein ordentlicher Bürger, der sich ehrlich und fleißig nährt, hat überall so viel Freiheit als er braucht.

ZIMMERMEISTER Ach wohl! Das ist eben unsre Not! Die Tagdiebe, die Söffer, die Faulenzer, mit Ew. Gnaden Verlaub, die stänkern aus Langerweile und scharren aus Hunger nach Privilegien und lügen den Neugierigen und Leichtgläubigen was vor, und um eine Kanne Bier bezahlt zu kriegen, fangen sie Händel an, die viel tausend Menschen unglücklich machen. Das ist ihnen eben recht. Wir halten unsre Häuser und Kasten* zu gut verwahrt, da möchten sie gern uns mit Feuerbränden davon treiben. Geldkassen

EGMONT Allen Beistand sollt ihr finden, es sind Maßregeln genommen dem Übel kräftig zu begegnen. Steht fest gegen die fremde Lehre und glaubt nicht durch Aufruhr befestige man Privilegien. Bleibt zu Hause, leidet nicht daß sie sich auf den Straßen rotten. Vernünftige Leute können viel tun.

Indessen hat sich der größte Haufe verlaufen.

ZIMMERMEISTER Danken Ew. Exzellenz danken für die gute Meinung! Alles was an uns liegt. *Egmont ab.* Ein gnädger Herr! der echte Niederländer, gar so nichts spanisches.

JETTER Hätten wir ihn nur zum Regenten, man folgt' ihm gerne.

SOEST Das läßt der König wohl sein, den Platz besetzt er immer mit den Seinigen.

JETTER Hast du das Kleid gesehen? das war nach der neusten Art, nach spanischem Schnitt.

ZIMMERMEISTER Ein schöner Herr!

JETTER ⌜Sein Hals wär ein rechtes Fressen für einen Scharfrichter.⌝

SOEST Bist du toll? Was kommt dir ein?

JETTER Dumm genug daß einem so etwas einfällt. – Es ist mir nun so. Wenn ich einen schönen langen Hals sehe, muß ich gleich wider Willen denken: der ist gut köpfen. – Die verfluchten Exekutionen*! man kriegt sie nicht aus dem Sinne. Wenn die Bursche schwimmen und ich seh einen nackten Buckel, gleich fallen sie mir zu dutzenden ein, die ich habe mit Ruten streichen* sehn. Begegnet mir ein rechter Wanst*, mein ich den säh ich schon am Pfahl braten*. Des Nachts im Traume zwickt mich's an allen Gliedern. Man wird eben keine Stunde froh. Jede Lustbarkeit jeden Spaß hab ich bald vergessen, die fürchterlichen Gestalten sind mir wie vor die Stirne gebrannt.

Hinrichtungen

ausgepeitscht

dicker Mensch

auf dem Scheiterhaufen brennen

Egmonts Wohnung

SEKRETÄR *an einem Tische mit Papieren. Er steht unruhig auf:* Er kommt immer nicht und ich warte schon zwei Stunden, die Feder in der Hand, die Papiere vor mir. Und eben heute möcht ich gern so zeitig fort. Es brennt mir unter den Sohlen! Ich kann für Ungeduld kaum bleiben. Sei auf die Stunde da, befahl er mir noch eh er wegging, nun kommt er nicht. Es ist so viel zu tun ich werde vor Mitternacht nicht fertig. Freilich sieht er einem auch einmal durch die Finger*. Doch hielt ich's besser wenn er

nimmt er es nicht so genau, ist er großzügig

strenge wäre und ließ einen auch wieder zur bestimmten Zeit. Man könnte sich einrichten. Von der Regentin ist er nun schon zwei Stunden weg, wer weiß wen er unterwegs angefaßt* hat.

getroffen

EGMONT *tritt auf:* Wie siehts aus?

SEKRETÄR Ich bin bereit und drei Boten warten.

EGMONT Ich bin dir wohl zu lang geblieben du machst ein verdrießlich Gesicht.

SEKRETÄR Eurem Befehl zu gehorchen wart ich schon lange. Hier sind die Papiere!

EGMONT Donna Elvira wird böse auf mich werden wenn sie hört daß ich dich abgehalten habe.

SEKRETÄR Ihr scherzt.

EGMONT Nein, nein! Schäme dich nicht. Du zeigst einen guten Geschmack. Sie ist hübsch und es ist mir ganz recht daß du auf dem Schlosse eine Freundin hast. Was sagen die Briefe?

SEKRETÄR Mancherlei und wenig erfreulichs.

EGMONT Da ist gut daß wir die Freude zu Hause haben und sie nicht von auswärts zu erwarten brauchen. Ist viel gekommen?

SEKRETÄR Genug und drei Boten warten.

EGMONT Sag an! Das nötigste.

SEKRETÄR Es ist alles nötig.

EGMONT Eins nach dem andern, nur geschwind.

SEKRETÄR Hauptmann Breda schickt die Relation* was weiter in Gent und der umliegenden Gegend vorgefallen. Der Tumult hat sich meist gelegt –

Bericht, Meldung

EGMONT Er schreibt wohl noch von einzelnen Ungezogenheiten und Tollkühnheiten?

SEKRETÄR Ja! Es kommt noch manches vor.

EGMONT Verschone mich damit.

gefangen genommen

SEKRETÄR Noch sechse sind eingezogen* worden die bei Verwich* das Marienbild umgerissen haben. Er fragt an: ob er sie soll auch wie die andern hängen lassen.

Heute: Wervicq, Stadt im Norden v. Lille

EGMONT Ich bin des Hängens müde. Man soll sie durchpeitschen und sie mögen gehn.

SEKRETÄR Es sind zwei Weiber dabei soll er die auch durchpeitschen?

EGMONT Die mag er verwarnen und laufen lassen.

SEKRETÄR Brinck von Bredas Compagnie will heiraten. Der Hauptmann hofft ihr werdets ihm abschlagen. Es sind soviele Weiber bei den Haufen, schreibt er, daß, wenn wir ausziehen, es keinem Soldaten Marsch, sondern einem Zigeuner Geschleppe ähnlich sehn wird.

EGMONT Dem mags noch hingehn! Es ist ein schöner junger Kerl, er bat mich noch gar dringend eh ich wegging. Aber nun solls keinem mehr gestattet sein. So leid mir s tut den armen Teufeln die ohnedies geplagt genug sind ihren besten Spaß zu versagen.

SEKRETÄR Zwei von Euren Leuten, Seter und Hart haben einem Mädel, einer Wirts Tochter übel mitgespielt. Sie kriegten sie allein und die Dirne konnte sich ihrer nicht erwehren.

EGMONT Wenn es ein ehrlich Mädchen ist und sie haben Gewalt gebraucht; so soll er sie drei Tage hintereinander mit Ruten streichen lassen, und wenn sie etwas besitzen, soll er soviel davon einziehen daß dem Mädchen eine Ausstattung gereicht werden kann.

SEKRETÄR Einer von den fremden Lehrern ist heimlich durch Kommine* gegangen und entdeckt worden. Er schwört, er sei im Begriff nach Franckreich zu gehen. Nach dem Befehl soll er enthauptet werden.

Heute: Comines-Warneton, Grenzort zw. Belgien u. Frankreich

EGMONT Sie sollen ihn in der Stille an die Grenze bringen und ihn versichern daß er das zweite mal nicht so wegkommt.

SEKRETÄR Ein Brief von Eurem Einnehmer. Er schreibt es komme wenig Geld ein, er könne auf die Woche die verlangte Summe schwerlich schicken, der Tumult habe in alles die größte Konfusion gebracht.

EGMONT Das Geld muß herbei, er mag sehen wie er es zusammen bringt.

SEKRETÄR Er sagt, er werde sein möglichstes tun, und wolle endlich den Raymond der Euch so lange schuldig ist, verklagen und in Verhaft nehmen lassen.

EGMONT Der hat ja versprochen zu bezahlen.

SEKRETÄR Das letztemal setzte er sich selbst vierzehn Tage*.

ergänze: Frist

EGMONT So gebe man ihm noch vierzehn Tage und dann mag er gegen ihn verfahren.

SEKRETÄR Ihr tut wohl, es ist nicht Unvermögen es ist böser Wille. Er macht gewiß Ernst, wenn er sieht ihr spaßt nicht. – Ferner sagt der Einnehmer, er wolle den alten Soldaten, den Witwen und einigen andern denen Ihr Gnaden Gehalte gebt, die Gebühr einen halben Monat zurück halten, man könne indessen Rat schaffen, sie möchten sich einrichten.

EGMONT Was ist da einzurichten? Die Leute brauchen das Geld nötiger als ich. Das soll er bleiben lassen.

SEKRETÄR Woher befehlt Ihr denn daß er das Geld nehmen soll?

EGMONT Darauf mag er denken*, es ist ihm im vorigen Briefe schon gesagt.

dazu möge er sich etwas einfallen lassen

SEKRETÄR Deswegen tut er die Vorschläge.

EGMONT Die taugen nicht. Er soll auf was anders sinnen. Er soll Vorschläge tun die annehmlich* sind und vor allem soll er das Geld schaffen.

annehmbar

SEKRETÄR Ich habe den Brief ⌜des Grafen Oliva⌝ wieder hierher gelegt. Verzeiht daß ich Euch daran erinnre. Der alte Herr verdient vor allen andern eine ausführliche Antwort. Ihr wolltet ihm selbst schreiben. Gewiß er liebt Euch wie ein Vater.

EGMONT Ich komme nicht dazu. Und unter viel verhaßtem ist mir das Schreiben das verhaßteste. Du machst meine Hand ja so gut nach, schreib in meinem Namen. Ich erwarte Oranien. Ich komme nicht dazu und wünschte selbst daß ihm auf seine Bedenklichkeiten was recht beruhigendes geschrieben würde.

SEKRETÄR Sagt mir nur ohngefähr Eure Meinung, ich will die Antwort schon aufsetzen und sie Euch vorlegen. Geschrieben soll sie werden daß sie vor Gericht für Eure Hand gelten kann.

EGMONT Gib mir den Brief! *nachdem er hinein gesehen:* Guter ehrlicher Alter! Warst du in deiner Jugend auch wohl so bedächtig? Erstiegst du nie einen Wall? Bliebst du in der Schlacht, wo es die Klugheit anrät, hinten? – Der treue, sorgliche! Er will mein Leben und mein Glück, und fühlt nicht daß der schon tot ist, der um seiner Sicherheit willen lebt. – Schreib ihm: er möge unbesorgt sein. Ich handle wie ich soll, ich werde schon mich wahren*, sein Ansehn bei Hofe soll er zu meinen Gunsten brauchen und meines vollkommnen Danks gewiß sein.

in Acht nehmen

SEKRETÄR Nichts weiter? O er erwartet mehr!

EGMONT Was soll ich mehr sagen? Willst du mehr Worte machen; so stehts bei dir. Es dreht sich immer um den Einen Punkt, ich soll leben wie ich nicht leben mag. Daß ich fröhlich bin, die Sachen leicht nehme, rasch lebe, das ist mein Glück und ich vertausch es nicht gegen die Sicherheit eines Toten-Gewölbes. Ich habe nun zu der spanischen Lebensart nicht einen Blutstropfen in meinen Adern, nicht Lust meine Schritte nach der neuen bedächtigen Hof Kadenz zu mustern*. Leb ich nur um aufs Leben zu denken? Soll ich den gegenwärtigen Augenblick nicht genießen damit ich des folgenden gewiß sei? und diesen wieder mit Sorgen und Grillen verzehren.

mein Verhalten nach dem span. Hofzeremoniell auszurichten

SEKRETÄR Ich bitt Euch Herr, seid nicht so harsch und rauh gegen den guten Mann. Ihr seid ja sonst gegen alle freundlich. Sagt mir ein gefällig Wort das den edlen Freund beruhige, seht wie sorgfältig er ist, wie leis er Euch berührt.

EGMONT Und doch berührt er immer diese Seite. Er weiß von Alters her wie verhaßt mir diese Ermahnungen sind, sie machen nur irre, sie helfen nichts. Und wenn ich ein Nachtwandler wäre und auf dem gefährlichen Gipfel eines Hauses spazierte; ist es freundschaftlich, mich beim Namen zu rufen und mich zu warnen, zu wecken und zu töten? Laßt jeden seines Pfades gehn, er mag sich wahren.

SEKRETÄR Es ziemt Euch nicht zu sorgen, aber wer Euch kennt und liebt –

EGMONT *in den Brief sehend:* Da bringt er wieder die alten Märchen auf, was wir an einem Abend in leichtem Übermut der Geselligkeit und des Weins getrieben und gesprochen und was man draus für Folgen und Beweise durchs ganze Königreich gezogen und geschleppt. – Nun gut, wir haben Schellenkappen, Narrenkutten auf unsre Diener Ärmel sticken lassen und haben diese tolle Zierde nachher in einen Bündel Pfeile verwandelt, ein noch gefährlicher Symbol* für alle die deuten wollen wo nichts zu deuten ist. Wir haben die und jene Torheit in einem lustigen Augenblick empfangen gleich und geboren; sind Schuld daß ⌜eine ganze edle Schar mit Bettelsäcken und mit einem selbst gewählten Unnamen dem Könige seine Pflicht mit spottender Demut in's Gedächtnis rief⌝, sind schuld – was ists nun weiter? Ist ein Faßnachtsspiel gleich Hochverrat? Sind uns die kurzen bunten Lumpen zu mißgönnen die ein jugendlicher Mut, eine angefrischte Phantasie um unsers Lebens arme Blöße hängen mag? Wenn ihr das Leben gar zu ernsthaft nehmt, was ist denn dran? Wenn uns der Morgen nicht zu neuen Freuden weckt, am Abend uns keine Lust zu hoffen übrig bleibt; ists wohl des An und Ausziehens wert? Scheint mir die Sonne heut um das zu überlegen was gestern war, und um zu raten, zu verbinden, was nicht zu erraten nicht zu verbinden ist, das

Vgl. Erl. zu 21.33–34.

Schicksal eines kommenden Tags. Schenke mir diese Betrachtungen, wir wollen sie Schülern und Höflingen überlassen, sie mögen sinnen und aussinnen, wandeln und schleichen, gelangen wohin sie können, erschleichen was sie können. – Kannst du von allem diesem etwas brauchen daß deine Epistel* kein Buch wird; so ist mir's recht. Dem guten Alten scheint alles viel zu wichtig. So drückt ein Freund der lang unsre Hand gehalten sie stärker noch einmal wenn er sie lassen will.

(lat.) Brief

SEKRETÄR Verzeiht mir es wird dem Fußgänger schwindlig, der einen Mann mit rasselnder Eile daher fahren sieht.

EGMONT ⌜Kind! Kind! nicht weiter!⌝ ⌜Wie von unsichtbaren Geistern gepeitscht gehen die Sonnenpferde der Zeit mit unsers Schicksals leichtem Wagen durch, und uns bleibt nichts als mutig gefaßt die Zügel zu erhalten, und bald rechts, bald links vom Steine hier, vom Sturze da die Räder weg zu lenken.⌝ Wohin es geht, wer weiß es? Erinnert er* sich kaum woher er kam.

der Wagen

SEKRETÄR Herr! Herr!

EGMONT Ich stehe hoch und kann und muß noch höher steigen, ich fühle mir Hoffnung, Mut und Kraft. Noch habe ich meines Wachstums Gipfel nicht erreicht und steh ich droben einst; so will ich fest, nicht ängstlich stehen. Soll ich fallen; so mag ein Donnerschlag, ein Sturmwind, ja ein selbst verfehlter Schritt mich abwärts in die Tiefe stürzen, da lieg ich mit viel tausenden. Ich habe nie verschmäht mit meinen guten Kriegsgesellen um kleinen Gewinst das blutge Los zu werfen und sollt ich knickern*, wenns um den ganzen freien Wert des Lebens geht.

knausern, geizig sein

SEKRETÄR O Herr! Ihr wißt nicht was für Worte Ihr sprecht! Gott erhalt Euch.

EGMONT Nimm deine Papiere zusammen. ⌜Oranien kommt.⌝ Fertige aus was am nötigsten ist, daß die Boten fortkommen eh die Tore geschlossen werden. Das andre hat Zeit. Den Brief an den Grafen laß bis Morgen. Versäume nicht Elviren zu besuchen und grüße sie von mir. – Horche wie sich die Regentin befindet, sie soll nicht wohl sein ob sie's gleich verbirgt.

Sekretär ab.

Oranien kommt.

EGMONT Willkommen, Oranien, Ihr scheint mir nicht ganz frei*.

sorgenfrei

ORANIEN Was sagt Ihr zu unsrer Unterhaltung mit der Regentin?*

Vgl. Erl. zu 19.33–20.2.

EGMONT Ich fand in ihrer Art uns aufzunehmen nichts außerordentliches. Ich habe sie schon mehr so gesehen. Sie schien mir nicht ganz wohl.

ORANIEN Merktet Ihr nicht daß sie zurückhaltender war? Erst wollte sie unser Betragen bei dem neuen Aufruhr des Pöbels gelassen billigen, nachher merkte sie an was sich doch auch für ein falsches Licht darauf werfen lasse, wich dann mit dem Gespräche zu ihrem alten gewöhnlichen Diskurs*: daß man ihre liebevolle, gute Art, ihre Freundschaft zu uns Niederländern, nie genug erkannt, zu leicht behandelt habe, daß nichts einen erwünschten Ausgang nehmen wolle, daß sie am Ende wohl müde werden, der König sich zu andern Maßregeln entschließen müsse. Habt Ihr das gehört?

(franz.) Gespräch, Rede

EGMONT Nicht alles, ich dachte unterdessen an was anders. Sie ist ein Weib, guter Oranien, und die möchten immer gern, daß sich alles unter ihr sanftes Joch gelassen schmiegte, daß jeder ⌜Herkules die Löwenhaut ablegte⌝ und ihren Kunkelhof vermehrte*. Daß, weil sie friedlich gesinnt sind die Gärung die ein Volk ergreift, der Sturm den mächtige Nebenbuhler gegen einander erregen sich durch Ein freundlich Wort beilegen ließe und die widrigsten Elemente sich zu ihren Füßen in sanfter Eintracht vereinigten. Das ist ihr Fall, und da sie es dahin nicht

Sinngemäß: … und Herkules sich in die Schar ihrer Spinnerinnen einreihte bringen kann, so hat sie keinen Weg als launisch zu werden, sich über Undankbarkeit, Unweisheit zu beklagen, mit schröcklichen Aussichten in die Zukunft zu drohen, und zu drohen daß sie fortgehn will.

ORANIEN Glaubt ihr diesmal nicht daß sie ihre Drohung erfüllt?

EGMONT Nimmermehr! Wie oft habe ich sie schon reisefertig gesehen. Wo will sie denn hin? Hier Statthalterin, Königin, glaubst du daß sie es unterhalten wird am Hofe ihres Bruders unbedeutende Tage abzuhaspeln, oder nach Italien zu gehn und sich in alten Familien Verhältnissen herumzuschleppen*.

ihre alten Verwandten zu besuchen

ORANIEN Man hält sie dieser Entschließung nicht fähig, weil ihr sie habt zaudern, weil ihr sie habt zurücktreten sehn, dennoch liegts wohl in ihr, neue Umstände treiben sie zu dem lang verzögerten Entschluß. Wenn sie ginge? und der König schickte einen andern?

EGMONT Nun der würde kommen und würde eben auch zu tun finden. Mit großen Planen, Projekten und Gedanken würde er kommen, wie er alles zurecht rücken, unterwerfen und zusammen halten wolle, und würde heut mit dieser Kleinigkeit, morgen mit einer andern zu tun haben, übermorgen jene Hindernis finden, Einen Monat mit Entwürfen, einen andern mit Verdruß über fehlgeschlagne Unternehmen, ein halb Jahr in Sorgen über eine einzige Provinz zu bringen. Auch ihm wird die Zeit vergehn, der Kopf schwindeln und die Dinge wie zuvor ihren Gang halten, daß er, statt weite Meere nach einer vorgezognen Linie zu durchsegeln, Gott danken mag wenn er sein Schiff in diesem Sturme vom Felsen hält.

ORANIEN Wenn man nun aber dem König zu einem Versuch riete?

EGMONT Der wäre?

ORANIEN Zu sehen was der Rumpf ohne Haupt anfinge.

EGMONT Wie?

ORANIEN Egmont, ich trage viele Jahre her alle unsre Verhältnisse am Herzen, ich stehe immer wie über einem Schachspiele und halte keinen Zug des Gegners für unbedeutend; und wie müßige Menschen mit der größten Sorgfalt sich um die Geheimnisse der Natur bekümmern; so halt ich es für Pflicht für Beruf eines Fürsten die Gesinnungen, die Ratschläge aller Parteien zu kennen. Ich habe Ursache einen Ausbruch zu befürchten, der König hat lang nach gewissen Grundsätzen gehandelt, er sieht daß er damit nicht auskommt, was ist wahrscheinlicher als daß er es auf einem andern Weg versucht.

EGMONT Ich glaubs nicht. Wenn man alt wird und hat so viel versucht und es will in der Welt nie zur Ordnung kommen muß man es endlich wohl genug haben.

ORANIEN Eins hat er noch nicht versucht.

EGMONT Nun?

ORANIEN Das Volk zu schonen und die Fürsten zu verderben.

EGMONT Wie viele haben das schon lang gefürchtet. Es ist keine Sorge.

ORANIEN Sonst wars Sorge, nach und nach ist mir's Vermutung, zuletzt Gewißheit geworden.

EGMONT Und hat der König treuere Diener als uns?

ORANIEN Wir dienen ihm auf unsre Art, und untereinander können wir gestehen, daß wir des Königs Rechte und die unsrigen wohl abzuwägen wissen.

EGMONT Wer tuts nicht? Wir sind ihm untertan und gewärtig* in dem was ihm zukommt.

dienstbereit

ORANIEN Wenn er sich nun aber mehr zuschriebe, und Treulosigkeit nennte, was wir heißen auf unsre Rechte halten?

EGMONT Wir werden uns verteidigen können. Er rufe die Ritter des Vlieses* zusammen, wir wollen uns richten lassen.

Vgl. Erl. zu 22.24.

ORANIEN Und was wäre ein Urteil vor der Untersuchung, eine Strafe vor dem Urteil?

EGMONT Eine Ungerechtigkeit der sich Philipp nie schuldig machen wird und eine Torheit die ich ihm und seinen Räten nicht zutraue.

ORANIEN Und wenn sie nun ungerecht und törig wären?

EGMONT Nein, Oranien, es ist nicht möglich. Wer sollte wagen Hand an uns zu legen? – Uns gefangen zu nehmen wär ein verloren und fruchtloses Unternehmen. Nein sie wagen nicht das Panier* der Tyrannei so hoch aufzustecken. Der Windhauch der diese Nachricht übers Land brächte würde ein ungeheures Feuer zusammen treiben. Und wohinaus wollten sie? Richten und verdammen kann nicht der König allein, und wollten sie meuchelmördrisch an unser Leben? – Sie können nicht wollen. Ein schröcklicher Bund würde in einem Augenblick das Volk vereinigen. Haß und ewige Trennung vom spanischen Namen würde sich gewaltsam erklären.

Fahne, Banner

ORANIEN Die Flamme wütete dann über unserm Grabe und das Blut unsrer Feinde flösse zum leeren Sühnopfer. Laß uns denken Egmont.

EGMONT Wie sollten sie aber?

ORANIEN ⌜Alba ist unterwegs.⌝

EGMONT Ich glaubs nicht.

ORANIEN Ich weiß es.

EGMONT Die Regentin wollte nichts wissen.

ORANIEN Um desto mehr bin ich überzeugt. Die Regentin wird ihm Platz machen. Seinen Mordsinn kenn' ich, und ein Heer bringt er mit.

EGMONT Aufs neue die Provinzen zu belästigen? das Volk wird höchst schwürig* werden.

schwierig

ORANIEN Man wird sich der Häupter versichern.

EGMONT Nein! Nein!

ORANIEN Laß uns gehen. Jeder in seine Provinz, dort wollen wir uns verstärken, mit offner Gewalt fängt er nicht an.

EGMONT Müssen wir ihn nicht begrüßen wenn er kommt?

ORANIEN Wir zögern.

EGMONT Und wenn er uns im Namen des Königs bei seiner Ankunft fordert?

ORANIEN Suchen wir Ausflüchte.

EGMONT Und wenn er dringt?

ORANIEN Entschuldigen wir uns.

EGMONT Und wenn er drauf besteht?

ORANIEN Kommen wir um so weniger.

EGMONT Und der Krieg ist erklärt, und wir sind die Rebellen. Oranien laß dich nicht durch Klugheit verführen, ich weiß daß Furcht dich nicht weichen macht. Bedenke den Schritt.

ORANIEN Ich hab ihn bedacht.

EGMONT Bedenke wenn du dich irrst, woran du Schuld bist, an dem verderblichsten Kriege der je ein Land verwüstet hat. Dein Weigern ist das Signal das die Provinzen mit einemmale zu den Waffen ruft, das jede Grausamkeit rechtfertigt wozu Spanien von jeher nur gern den Vorwand gehascht* hat. Was wir lange mühselig gestillt haben wirst du mit Einem Winke zur schröcklichsten Verwirrung aufhetzen. Denk an die Städte, die Edlen, das Volk, an die Handlung*, den Feldbau! die Gewerbe! und denke die Verwüstung, den Mord! – Ruhig sieht der Soldat wohl im Felde seinen Kameraden neben sich hin fallen – Aber den Fluß herunter werden dir die Leichen der Bürger, der Kinder, der Jungfrauen entgegen schwimmen, daß du mit Entsetzen dastehst und nicht mehr weißt wessen Sache du verteidigst, da die zu Grunde gehen für deren Freiheit du die Waffen ergriffst. Und wie wird dirs sein, wenn du dir still sagen mußt: für meine Sicherheit ergriff ich sie.

gesucht

Handel

ORANIEN Wir sind nicht einzelne Menschen Egmont. Ziemt es sich uns für tausende hinzugeben: so ziemt es sich auch uns für tausende zu schonen.

EGMONT Wer sich schont muß sich selbst verdächtig werden.

ORANIEN Wer sich kennt kann sicher vor und rückwärts gehn.

EGMONT Das Übel das du fürchtest wird gewiß durch deine Tat.

ORANIEN Es ist klug und kühn dem unvermeidlichen Übel entgegen zu gehn.

EGMONT Bei so großer Gefahr kommt die leichteste Hoffnung in Anschlag*.

spielt […] eine Rolle

ORANIEN Wir haben nicht für den leisesten Fußtritt Platz mehr, der Abgrund liegt hart vor uns.

EGMONT Ist des Königs Gunst ein so schmaler Grund?

ORANIEN So schmal nicht aber schlüpfrig.

EGMONT Bei Gott man tut ihm Unrecht. Ich mag nicht leiden daß man ungleich von ihm denkt! Er ist Karls Sohn und keiner Niedrigkeit fähig.

ORANIEN Die Könige tun nichts niedriges.

EGMONT Man sollte ihn kennen lernen.

ORANIEN Eben diese Kenntnis rät uns eine gefährliche Probe nicht abzuwarten.

EGMONT Keine Probe ist gefährlich zu der man Mut hat.

ORANIEN Du wirst aufgebracht Egmont.

EGMONT Ich muß mit meinen Augen sehen.

ORANIEN O sähst du diesmal nur mit meinen. Freund weil du sie offen hast, glaubst du du siehst. Ich gehe! Warte du Albas Ankunft ab, und Gott sei bei dir. Vielleicht rettet dich mein Weigern. Vielleicht daß der Drache nichts zu fangen glaubt wenn er uns nicht beide auf einmal verschlingt. Vielleicht zögert er um seinen Anschlag sicherer auszuführen und vielleicht, bis dahin siehst du die Sache in ihrer wahren Gestalt. Aber dann schnell! schnell! Rette! Rette dich! – Leb wohl – Laß deiner Aufmerksamkeit nichts entgehen, wie viel Mannschaft er mitbringt, wie er die Stadt besetzt, was für Macht die

Regentin behält, wie deine Freunde gefaßt sind*. Gib mir Nachricht. – – – Egmont! –

sich verhalten, reagieren

EGMONT Was willst du?

ORANIEN *ihn bei der Hand fassend:* Laß dich überreden! Geh mit!

EGMONT Wie? Tränen Oranien?

ORANIEN Einen Verlornen zu beweinen ist auch männlich.

EGMONT Du wähnst mich verloren?

ORANIEN Du bists. Bedenke! Dir bleibt nur eine kurze Frist. Leb wohl.

Ab.

EGMONT *allein:* Daß andrer Menschen Gedanken solchen Einfluß auf uns haben! Mir wäre es nie eingekommen, und dieser Mann trägt seine Sorglichkeit* in mich herüber. – Weg! – das ist ein fremder Tropfen in meinem Blute. Gute Natur wirf ihn wieder heraus! Und von meiner Stirne die sinnenden Runzeln wegzubaden, gibt es ja wohl noch ein freundlich Mittel.

Substantiv zu ›sorglich‹ im Sinne von sorgenvoll

Dritter Aufzug

Palast der Regentin

MARGARETHE VON PARMA Ich hätte mirs vermuten sollen. Ha! Wenn man in Mühe und Arbeit vor sich hinlebt, denkt man immer man tue das möglichste, und der von weiten zusieht und befiehlt, glaubt er verlange nur das mögliche. – O die Könige! – Ich hätte nicht geglaubt daß es mich so verdrießen könnte. Es ist so schön zu herrschen! – und abzudanken? – Ich weiß nicht wie mein Vater es konnte; aber ich will es auch.

Machiavell erscheint im Grunde.

REGENTIN Tretet näher Machiavell. Ich denke hier über den Brief meines Bruders.

MACHIAVELL Ich darf wissen was er enthält?

REGENTIN Soviel zärtliche Aufmerksamkeit für mich, als Sorgfalt für seine Staaten. Er rühmt die Standhaftigkeit, den Fleiß und die Treue womit ich bisher für die Rechte seiner Majestät in diesen Landen gewacht habe. Er bedauert mich daß mir das unbändige Volk soviel zu schaffen mache. Er ist von der Tiefe meiner Einsichten so vollkommen überzeugt, mit der Klugheit meines Betragens so außerordentlich zufrieden, daß ich fast sagen muß der Brief ist für einen König zu schön geschrieben, für einen Bruder gewiß.

MACHIAVELL Es ist nicht das erstemal daß er Euch seine gerechte Zufriedenheit bezeigt.

REGENTIN Aber das erstemal daß es rednerische Figur ist.

MACHIAVELL Ich versteh Euch nicht.

REGENTIN Ihr werdet. – Denn er meint, nach diesem Eingange: ohne Mannschaft, ohne eine kleine Armee werde ich immer hier eine üble Figur spielen; wir hätten sagt er unrecht getan, auf die Klagen der Einwohner, unsre Soldaten aus den Provinzen zu ziehen; eine Besatzung meint er die dem Bürger auf dem Nacken lastet, verbiete ihm durch ihre Schwere große Sprünge zu machen.

MACHIAVELL Es würde die Gemüter äußerst aufbringen.

REGENTIN Der König meint aber, hörst du. – Er meint daß ein tüchtiger General, so einer der gar keine Raison annimmt*, gar bald mit Volk und Adel, Bürgern und Bauern fertig werden könne – und schickt deswegen mit einem starken Heere – den Herzog von Alba.

unvernünftig handelt, rücksichtslos vorgeht

MACHIAVELL Alba?

REGENTIN Du wunderst dich?

MACHIAVELL Ihr sagt: er schickt. Er fragt wohl ob er schikken soll?

REGENTIN Der König fragt nicht. Er schickt.

MACHIAVELL So werdet Ihr einen erfahrnen Krieger in Euren Diensten haben.

REGENTIN In meinen Diensten? Rede grad heraus Machiavell.

MACHIAVELL Ich möcht Euch nicht vorgreifen.

REGENTIN Und ich möchte mich verstellen. Es ist mir empfindlich*, sehr empfindlich. Ich wollte lieber mein Bruder sagte wie ers denkt, als daß er förmliche Episteln unterschreibt, die ein Staatssekretär aufsetzt.

unangenehm

MACHIAVELL Sollte man nicht einsehen? –

REGENTIN Und ich kenne sie inwendig und auswendig. Sie möchtens gern gesäubert und gekehrt haben, und weil sie selbst nicht zugreifen; so findet ein jeder Vertrauen, der mit dem Besen in der Hand kommt. O mir ists als wenn ich den König und sein Conseil* auf dieser Tapete gewürkt sähe.

(franz.) Staatsrat, Ratgeber

MACHIAVELL So lebhaft?

REGENTIN ⌜Es fehlt kein Zug. Es sind gute Menschen drunter. Der ehrliche Rodrich, der so erfahren und mäßig ist, nicht zu hoch will und doch nichts fallen läßt, der grade Alonzo, der fleißige Freneda, der feste las Vargas und noch einige, die mitgehen wenn die gute Partie mächtig wird. Da sitzt aber der hohläugige Toledaner mit der ehrnen* Stirne und dem tiefen Feuerblick⌉, murmelt zwischen den Zähnen von Weibergüte, unzeitigem Nachgeben und daß Frauen wohl von zugerittnen Pferden sich tragen lassen, selbst aber schlechte Stallmeister sind, und solche Späße die ich ehmals von den politischen Herrn habe mit durchhören müssen.

Aus Erz (Bronze) bzw. ›eisern‹; i. S. v.: hart, unbeugsam

MACHIAVELL Ihr habt zu dem Gemälde einen guten Farbentopf gewählt.

REGENTIN Gesteht nur Machiavell, in meiner ganzen Schattierung, aus der ich allenfalls malen könnte, ist kein Ton so gelbbraun gallen schwarz wie Albas Gesichtsfarbe, und als die Farbe aus der *er* malt. Jeder ist bei ihm gleich ein Gotteslästerer, ein Majestätenschänder, denn aus diesem Kapitel* kann man sie alle sogleich rädern, pfählen, vierteilen und verbrennen. – Das Gute was ich hier getan habe sieht gewiß in der Ferne wie nichts aus, eben weils gut ist – Da hängt er sich an jeden Mutwillen der vorbei ist, erinnert jede Unruhe die gestillt ist, und es wird dem Könige vor den Augen so voll Meuterei, Aufruhr und Tollkühnheit, daß er sich vorstellt sie fräßen sich hier einander auf, wenn eine flüchtig vorübergehende Ungezogenheit eines rohen Volks bei uns lange vergessen ist. Da faßt er einen recht herzlichen Haß auf die armen Leute, sie kommen ihm abscheulich, ja wie Tiere und Ungeheuer vor, er sieht sich nach Feuer und Schwert um und wähnt, so bändige man Menschen.

Ergänze: des Strafgesetzbuches

MACHIAVELL Ihr scheint mir zu heftig, ihr nehmt die Sache zu hoch*. Bleibt ihr nicht Regentin?

zu wichtig, zu ernst

REGENTIN Das kenn ich. Er wird eine Instruktion* bringen – Ich bin in Staatsgeschäften alt genug geworden, um zu wissen wie man einen verdrängt ohne ihm seine Bestallung* zu nehmen. – Erst wird er eine Instruktion bringen, die wird unbestimmt und schief sein, er wird

(lat.) Hier: königliche Anweisung, Vorschrift

Anstellung, Einsetzung in ein Amt

um sich greifen, denn er hat die Gewalt, und wenn ich mich beklage, wird er eine geheime Instruktion vorschützen; wenn ich sie sehen will wird er mich herumziehen; wenn ich drauf bestehe, wird er mir ein Papier zeigen, das ganz was anders enthält, und wenn ich mich da nicht beruhige gar nicht mehr tun als wenn ich redete. – Indes wird er was ich fürchte getan und was ich wünsche weit abwärts gelenkt haben.

MACHIAVELL Ich wollt, ich könnt Euch widersprechen.

REGENTIN Was ich mit unsäglicher Geduld beruhigte, wird er durch Härte und Grausamkeiten wieder aufhetzen, ich werde vor meinen Augen mein Werk verloren sehn und über dies noch seine Schuld zu tragen haben.

MACHIAVELL Erwartens Ew. Hoheit.

REGENTIN So viel Gewalt hab ich über mich um stille zu sein. Laß ihn kommen, ich werde ihm mit der besten Art Platz machen, eh er mich verdrängt.

MACHIAVELL So rasch diesen wichtigen Schritt?

REGENTIN Schwerer als du denkst. Wer zu herrschen gewohnt ist, wers hergebracht hat* daß jeden Tag das Schicksal von Tausenden in seiner Hand liegt, steigt vom Throne wie ins Grab. Aber besser so, als einem Gespenste gleich unter den Lebenden bleiben und mit hohlem Ansehn einen Platz behaupten wollen den ihm ein andrer abgeerbt hat und nun besitzt und genießt.

als hergebracht erachtet

Clärchens Wohnung

Clärchen. Mutter

MUTTER So eine Liebe wie Brackenburgs hab ich nie gesehen, ich glaubte sie sei nur in Heldengeschichten.

CLÄRCHEN *geht in der Stube auf und ab, ein Lied zwischen den Lippen hummend*:*

summend

Glücklich allein
ist die Seele die liebt.

MUTTER Er vermutet deinen Umgang mit Egmont und ich glaube wenn du ihm ein wenig freundlich tätest, wenn du wolltest; er heiratete dich noch.

CLÄRCHEN *singt:*

Freudvoll
und leidvoll,
gedankenvoll sein,
Langen*
und bangen
in schwebender Pein,
Himmelhoch jauchzend
zum Tode betrübt,
Glücklich allein
ist die Seele die liebt.

verlangen

MUTTER Laß das Heiopopeio*.

Kehrreim eines alten Schlafliedes, abschätzig auf das ganze Lied bezogen

CLÄRCHEN Scheltet mirs nicht, es ist ein kräftig Lied, hab ich doch schon manchmal ein großes Kind damit schlafen gewiegt.

MUTTER Du hast doch nichts im Kopfe als deine Liebe. Vergäßest du nur nicht alles über das Eine. Den Brakkenburg solltest du in Ehren halten, sag ich dir! Er kann dich noch einmal glücklich machen.

CLÄRCHEN Er?

MUTTER O ja! es kommt eine Zeit! – Ihr Kinder seht nichts voraus, und überhorcht unsre Erfahrungen. Die Jugend und die schöne Liebe, alles hat sein Ende und es kommt eine Zeit wo man Gott dankt wenn man irgendwo unterkriechen kann.

CLÄRCHEN *schaudert schweigt und fährt auf:* Mutter laßt die Zeit kommen wie den Tod. Dran vorzudenken ist schröckhaft! – Und wenn er kommt! Wenn wir müssen – dann – wollen wir uns gebärden wie wir können! – Egmont – ich dich entbehren! – *in Tränen:* Nein! Es ist nicht möglich, nicht möglich.

Egmont in einem Reutermantel, den Hut in's Gesicht gedrückt.

EGMONT Clärchen!

CLÄRCHEN *tut einen Schrei fährt zurück:* Egmont!

Sie eilt auf ihn zu.

Egmont!

Sie umarmt ihn und ruht an ihm.

O du guter, lieber, süßer! Kommst du? Bist du da?

EGMONT Guten Abend Mutter!

MUTTER Gott grüß Euch edler Herr! Meine Kleine ist fast vergangen, daß Ihr so lang aus bleibt, sie hat wieder den ganzen Tag von Euch geredet und gesungen.

EGMONT Ihr gebt mir doch ein Nachtessen.

MUTTER Zu viel Gnade. Wenn wir nur etwas hätten.

CLÄRCHEN Freilich! Seid nur ruhig Mutter, ich habe schon alles darauf eingerichtet, ich habe etwas zubereitet. Verratet mich nicht Mutter.

MUTTER Schmal genug.

CLÄRCHEN Wartet nur! Und dann denk ich: wenn er bei mir ist, hab ich gar keinen Hunger, da sollte er auch keinen großen Appetit haben wenn ich bei ihm bin.

EGMONT Meinst du?

Clärchen stampft mit dem Fuße und kehrt sich unwillig um.

EGMONT Wie ist dir?

CLÄRCHEN Wie seid Ihr heute so kalt! Ihr habt mir noch keinen Kuß angeboten. Warum habt Ihr die Arme in den Mantel gewickelt wie ein Wochenkind*. Ziemt keinem Soldaten noch Liebhaber die Arme eingewickelt zu haben.

Baby, Wöchnerinnenkind

EGMONT Zu Zeiten, Liebchen, zu Zeiten. Wenn der Soldat auf der Lauer steht und dem Feinde etwas ablisten möchte, da nimmt er sich zusammen, faßt sich selbst in seine Arme und kaut seinen Anschlag reif. Und ein Liebhaber –

MUTTER Wollt Ihr Euch nicht setzen? Es Euch nicht bequem machen. Ich muß in die Küche. Clärchen denkt an nichts wenn Ihr da seid. Ihr müßt vorlieb nehmen.

EGMONT Euer guter Wille ist die beste Würze.

Mutter ab.

CLÄRCHEN Und was wäre denn meine Liebe!

EGMONT Soviel du willst.

CLÄRCHEN Vergleicht sie wenn Ihr das Herz habt.

EGMONT Zuvörderst also. *Er wirft den Mantel ab und steht in einem prächtigen Kleide da.*

CLÄRCHEN O je!

EGMONT Nun hab ich die Arme frei. *Er herzt sie.*

CLÄRCHEN Laßt! Ihr verderbt Euch*. *Sie tritt zurück.* Wie prächtig, da darf ich Euch nicht anrühren.

bringt Unglück über Euch

EGMONT Bist du zufrieden! Ich versprach dir einmal spanisch* zu kommen.

nach span. Mode gekleidet

CLÄRCHEN Ich bat Euch zeither nicht mehr drum, ich dachte Ihr wolltet nicht. – Ach und das guldne Vlies!

EGMONT Da siehst du's nun.

CLÄRCHEN Das hat dir der Kaiser umgehängt?

EGMONT Ja Kind! Und Kette und Zeichen geben dem der sie trägt die edelsten Freiheiten. Ich erkenne auf Erden keinen Richter über meine Handlungen als den Großmeister des Ordens mit dem versammelten Kapitel der Ritter.

CLÄRCHEN O du dürftest die ganze Welt über dich richten lassen. – Der Sammet ist gar zu herrlich, und die Passement-Arbeit*! und das Gestickte. – Man weiß nicht wo man anfangen soll.

die mit aufgesetzten Borten und Tressen verzierte Kleidung

EGMONT Sieh dich nur satt.

CLÄRCHEN Und das goldne Vlies! Ihr erzähltet mir die Geschichte und sagtet es sei ein Zeichen alles Großen und Kostbaren was man ⌜mit Müh und Fleiß verdient⌝ und erwirbt. Es ist sehr kostbar – Ich kanns deiner Liebe vergleichen – ich trage sie eben so am Herzen. – und hernach –

EGMONT Was willst du sagen?

CLÄRCHEN Hernach vergleicht sich's auch wieder nicht.

EGMONT Wie so?

CLÄRCHEN Ich habe sie nicht mit Müh und Fleiß erworben. Nicht verdient.

EGMONT In der Liebe ist es anders. Du verdienst sie weil du dich nicht darum bewirbst – und die Leute erhalten sie auch meist allein die nicht darnach jagen.

CLÄRCHEN Hast du das von dir abgenommen? Hast du diese stolze Anmerkung über dich selbst gemacht? Du den alles Volk liebt.

EGMONT Hätt' ich nur etwas für sie getan, könnt ich etwas für sie tun! Es ist ihr guter Wille mich zu lieben.

CLÄRCHEN Du warst gewiß heute bei der Regentin?

EGMONT Ich war bei ihr.

CLÄRCHEN Bist du gut mit ihr?

EGMONT Es sieht einmal so aus. Wir sind einander freundlich und dienstlich*.

dienstbar, gefällig

CLÄRCHEN Und im Herzen?

EGMONT Will ich ihr wohl. Jedes hat seine eigne Absichten. Das tut nichts zur Sache. Sie ist eine treffliche Frau, kennt ihre Leute und sähe tief genug wenn sie auch nicht argwöhnisch wäre. Ich mache ihr viel zu schaffen weil sie hinter meinem Betragen immer Geheimnisse sucht und ich keine habe.

CLÄRCHEN So gar keine?

EGMONT Eh nun! einen kleinen Hinterhalt. Jeder Wein setzt Weinstein in den Fässern an mit der Zeit. Oranien ist doch noch eine bessere Unterhaltung für sie und eine immer neue Aufgabe. Er hat sich in den Credit gesetzt* daß er immer etwas geheimes vorhabe, und nun sieht sie immer nach seiner Stirne was er wohl denken, auf seine Schritte wohin er sie wohl richten möchte.

den Ruf erworben, man glaubt von ihm

CLÄRCHEN Verstellt sie sich?

EGMONT Regentin und du fragst?

CLÄRCHEN Verzeiht ich wollte fragen: ist sie falsch?

EGMONT Nicht mehr und nicht weniger als jeder der seine Absichten erreichen will.

CLÄRCHEN Ich könnte mich in die Welt nicht finden. Sie hat aber auch einen männlichen Geist, sie ist ein ander Weib als wir Nähtrinnen und Köchinnen. Sie ist groß, herzhaft, entschlossen*.

Vgl. Erl. zu 16.17.

EGMONT Ja, wenns nicht gar zu bunt geht. Diesmal ist sie doch ein wenig auseinander.

CLÄRCHEN Wie so?

EGMONT Sie hat auch ein Bärtchen auf der Oberlippe und manchmal einen Anfall vom Podagra*. Eine rechte Amazone*!

Fußgicht

Angehörige eines krieger. Frauenvolks in der griech. Mythologie; i. S. v. ›Mannweib‹

CLÄRCHEN Eine Majestätische Frau! Ich scheute mich vor sie zu treten.

EGMONT Du bist doch sonst nicht zaghaft – Es wäre auch nicht Furcht, nur jungfräuliche Scham.

CLÄRCHEN *schlägt die Augen nieder nimmt seine Hand und lehnt sich an ihn.*

EGMONT Ich verstehe dich! liebes Mädchen! Du darfst die Augen aufschlagen. *Er küßt ihre Augen.*

CLÄRCHEN Laß mich schweigen! Laß mich dich halten. Laß mich dir in die Augen sehn. Alles drin finden, Trost und Hoffnung und Freude und Kummer. *Sie umarmt ihn und sieht ihn an:* Sag mir! Sage! ich begreife nicht! Bist du Egmont? Der Graf Egmont? Der große Egmont, der so viel Aufsehn macht, von dem in den Zeitungen steht, an dem die Provinzen hängen.

EGMONT Nein Clärchen das bin ich nicht.

CLÄRCHEN Wie?

EGMONT Siehst du Clärchen! – Laß mich sitzen!

Er setzt sich, sie kniet sich vor ihn auf einen Schemmel, legt ihre Arme auf seinen Schoß und sieht ihn an:

⌜Jener Egmont ist ein verdrießlicher, steifer, kalter Egmont. Der an sich halten, bald dieses bald jenes Gesicht machen muß, geplagt, verkannt, verwickelt ist wenn ihn die Leute für froh und fröhlich halten. Geliebt von einem Volke das nicht weiß was es will, geehrt und in die

Höhe getragen von einer Menge mit der nichts anzufangen ist, umgeben von Freunden denen er sich nicht überlassen darf, beobachtet von Menschen die ihm auf alle Weise beikommen möchten, arbeitend und sich bemühend, oft ohne Zweck, meist ohne Lohn – o laß mich schweigen wie es dem ergeht, wie es dem zu Mute ist. Aber dieser, Clärchen, der ist ruhig, offen, glücklich, geliebt und gekannt, von dem besten Herzen das auch er ganz kennt und mit voller Liebe und Zutrauen an das seine drückt.⌉

Er umarmt sie.

Das ist dein Egmont!

CLÄRCHEN So laß mich sterben! Die Welt hat keine Freuden auf diese!

Vierter Aufzug

Straße

Jetter. Zimmermann

JETTER He! pst! He, Nachbar ein Wort!

ZIMMERMANN Geh deines Pfads, und sei ruhig.

JETTER Nur ein Wort! Nichts neues?

ZIMMERMANN Nichts als daß uns vom neuen zu reden verboten ist.

JETTER Wie?

ZIMMERMANN Tretet hier ans Haus an. Hütet Euch! Der Herzog von Alba hat gleich bei seiner Ankunft einen Befehl ausgehen lassen, dadurch zwei oder drei, die auf der Straße zusammen sprechen, des Hochverrats ohne Untersuchung schuldig erklärt sind.

JETTER O Weh!

ZIMMERMANN Bei ewiger Gefangenschaft ist verboten von Staatssachen zu reden.

JETTER O unsre Freiheit.

ZIMMERMANN Und bei Todesstrafe soll niemand die Handlungen der Regierung mißbilligen.

JETTER O unsre Köpfe.

ZIMMERMANN Und mit großem Versprechen werden Väter, Mütter, Kinder, Verwandte, Freunde, Dienstboten eingeladen*, was in dem innersten des Hauses vorgeht bei dem besonders niedergesetzten Gerichte* zu offenbaren.

Hier: dazu angehalten

Der von Herzog v. Alba eingesetzte »Rat der Unruhen« bzw. »Zwölferrat«; vgl. Erl. zu 97.32.

JETTER Gehn wir nach Hause.

ZIMMERMANN Und den Folgsamen ist versprochen daß sie weder an Leibe, noch Ehre, noch Vermögen einige Kränkung erdulden sollen.

JETTER Wie gnädig! War mirs doch gleich weh, wie der Herzog in die Stadt kam. Seit der Zeit ist mirs als wäre der Himmel mit einem schwarzen Flor* überzogen und hing so tief herunter daß man sich bücken müsse um nicht dran zu stoßen.

Flor: Trauerflor

ZIMMERMANN Und wie haben dir seine Soldaten gefallen? Gelt das ist eine andre Art von Krebsen* als wir sie sonst gewohnt waren.

Krebsen: Brustharnisch der Soldaten, hier pars pro toto gebraucht

JETTER Pfui! Es schnürt einem das Herz ein, wenn man so einen Haufen die Gassen hinabmarschieren sieht. Kerzengrad, mit unverwandtem Blick, Ein Tritt soviel ihrer sind, und wenn sie auf der Schildwache stehn und du gehst an einem vorbei; ist's als wenn er dich durch und durch sehen wollte, und sieht so steif und mürrisch aus, daß du auf allen Ecken einen Zuchtmeister* zu sehen glaubst. Sie tun mir gar nicht wohl. Unsre Miliz* war doch noch ein lustig Volk, sie nahmen sich was heraus, stunden mit ausgekrätschten Beinen da, hatten den Hut überm Ohr, lebten und ließen leben; diese Kerle aber sind wie Maschinen, in denen ein Teufel sitzt.

Zuchtmeister: Kerkermeister

Miliz: Bürgerwehr, Volksheer

ZIMMERMANN Wenn so einer ruft: Halt! und anschlägt*, meinst du man hielte?

anschlägt: sein Gewehr in Anschlag bringt

JETTER Ich wäre gleich des Todes.

ZIMMERMANN Gehn wir nach Hause.

JETTER Es wird nicht gut. Adieu.

SOEST *tritt dazu:* Freunde! Genossen!

ZIMMERMANN Still! Laß uns gehen.

SOEST Wißt ihr?

JETTER Nur zu viel!

SOEST ⌜Die Regentin ist weg.⌝

JETTER Nun gnad' uns Gott.

ZIMMERMANN Die hielt uns noch.

SOEST Auf einmal und in der Stille. Sie konnte sich mit dem Herzog nicht vertragen. Sie ließ dem Adel melden, sie komme wieder. Niemand glaubts.

ZIMMERMANN Gott verzeihs dem Adel daß er uns diese neue Geißel über den Hals gelassen hat. Sie hätten es abwenden können. Unsre Privilegien sind hin.

JETTER Um Gottes willen nichts von Privilegien. Ich wittre den Geruch von einem Exekutionsmorgen, die Sonne will nicht hervor, die Nebel stinken.

SOEST Oranien ist auch weg.

ZIMMERMANN So sind wir denn ganz verlassen!

SOEST Graf Egmont ist noch da.

JETTER Gott sei Dank! Stärken ihn alle Heiligen, daß er sein Bestes tut, der ist allein was vermögend.

VANSEN *tritt auf:* Find ich endlich ein Paar die noch nicht untergekrochen sind!

(weiter) fort

JETTER Tut uns den Gefallen und geht fürbaß*.

VANSEN Ihr seid nicht höflich.

für Höflichkeiten

gesundet, wiederhergestellt

ZIMMERMANN Es ist gar keine Zeit zu Komplimenten*. Juckt Euch der Buckel wieder? Seid Ihr schon durchgeheilt*?

VANSEN Fragt einen Soldaten nach seinen Wunden! Wenn ich auf Schläge was gegeben hätte; wäre sein Tage nichts aus mir geworden.

JETTER Es kann ernstlicher werden.

VANSEN Ihr spürt von dem Gewitter, das aufsteigt, eine erbärmliche Mattigkeit in den Gliedern scheints.

in Bewegung kommen

ZIMMERMANN Deine Glieder werden sich bald wo anders eine Motion machen*, wenn du nicht ruhst.

VANSEN Armselige Mäuse, die gleich verzweifeln wenn der Hausherr eine neue Katze anschafft! Nur ein Bißchen anders, aber wir treiben unser Wesen vor wie nach, seid nur ruhig.

ZIMMERMANN Du bist ein verwegner Taugenichts.

VANSEN Gevatter Tropf! Laß du den Herzog nur gewähren. Der alte Kater sieht aus als wenn er Teufel statt Mäusen gefressen hätte und könnte sie nun nicht verdauen. Laßt ihn nur erst er muß auch essen, trinken, schlafen wie andre Menschen. Es ist mir nicht bange wenn wir unsre Zeit recht nehmen. Im Anfang gehts rasch, nachher wird er auch finden daß in der Speisekammer, unter den Speckseiten besser leben ist und des Nachts zu ruhen, als auf dem Fruchtboden einzelne Mäuschen zu erlisten. Geht nur ich kenne die Statthalter.

ZIMMERMANN Was so einem Menschen alles durchgeht, wenn ich in meinem Leben so etwas gesagt hätte hielt ich mich keine Minute für sicher.

VANSEN Seid nur ruhig. Gott im Himmel erfährt nichts von euch Würmern, geschweige der Regent.

JETTER Lästermaul.

VANSEN Ich weiß andre denen es besser wäre sie hätten statt ihres Helden Muts eine Schneider Ader im Leibe*.

furchtsam, ängstlich, feige

ZIMMERMANN Was wollt Ihr damit sagen?

VANSEN Hm! den Grafen mein ich.

JETTER Egmonten. Was soll der fürchten?

VANSEN Ich bin ein armer Teufel und könnte ein ganzes Jahr leben von dem was er in Einem Abende verliert. Und doch könnt er mir sein Einkommen eines ganzen Jahrs geben, wenn er meinen Kopf auf eine Viertelstunde hätte.

JETTER Du denkst dich was rechts. Egmonts Haare sind gescheuter als dein Hirn.

VANSEN Redt Ihr! Aber nicht feiner. Die Herren betrügen sich am ersten. Er sollte nicht trauen.

JETTER Was er schwätzt! So ein Herr!

VANSEN Eben weil er kein Schneider ist.

JETTER Ungewaschen Maul!

VANSEN Dem wollt ich Eure Courage nur eine Stunde in die Glieder wünschen, daß sie ihm da Unruh machte und ihn solang neckte und juckte bis er aus der Stadt müßte.

JETTER Ihr redet recht unverständig, er ist so sicher wie der Stern am Himmel.

VANSEN Hast du nie ⌜einen sich schneuzen gesehen⌝? Weg war er!

ZIMMERMANN Wer will ihm denn was tun?

VANSEN Wer will? Willst du's etwa hindern? willst du einen Aufruhr erregen, wenn sie ihn gefangen nehmen.

JETTER Ah!

VANSEN Wollt ihr eure Rippen für ihn wagen?

SOEST Eh!

VANSEN *sie nachäffend:* Ih! Oh! Uh! Verwundert euch durchs ganze Alphabet. So ist's und bleibts! Gott bewahre ihn.

JETTER Ich erschröcke über Eure Unverschämtheit. So ein edler rechtschaffner Mann sollte was zu befürchten haben?

VANSEN Der Schelm sitzt überall im Vorteil. Auf dem Armen-Sünder-Stühlchen hält er den Richter für'n Narren, auf dem Richterstuhl macht er den Inquisiten* mit Lust zum Verbrecher. Ich habe so ein Protokoll abzuschreiben gehabt, wo der Commissarius* schwer Lob und Geld von Hofe erhielt, weil er einen ehrlichen Teufel an den man wollte zum Schelmen verhört hatte.

(lat.) Angeklagten

(lat.) Beauftragter, Richter

ZIMMERMANN Das ist wieder frisch gelogen, was wollen sie denn heraus verhören wenn einer unschuldig ist?

VANSEN O Spatzenkopf! Wo nichts heraus zu verhören ist, da verhört man hinein. Ehrlichkeit macht unbesonnen auch wohl trotzig: Da fragt man erst sachte weg und der Gefangne ist stolz auf seine Unschuld, wie sie's heißen, und sagt alles grad zu was ein Verständiger verbürge. Dann macht der Inquisitor aus den Antworten wieder Fragen, und paßt ja auf wo irgend ein Widersprüchelchen erscheinen will, da knüpft er seinen Strick an und läßt sich der dumme Teufel betreten daß er hier etwas zu viel, dort etwas zu wenig gesagt, oder wohl aus Gott weiß was für einer Grille einen Umstand verschwiegen hat, auch wohl irgend an einem Ende sich hat schröcken lassen, dann sind wir auf dem rechten Weg! Und ich versichre euch, mit mehr Sorgfalt suchen die Bettelweiber nicht die Lumpen aus dem Kehricht, als so ein Schelmenfabrikant aus kleinen, schiefen, verschobnen, verrückten, verdrückten, geschloßnen, bekannten, geleugneten Anzeigen und Umständen sich endlich einen strohlumpenen Vogelscheu zusammenkünstelt, ⌜um wenigstens seinen Inquisiten in effigie hängen zu können⌝. Und Gott mag der arme Teufel danken wenn er sich noch kann hängen sehn.

JETTER Der hat eine geläufige* Zunge. redegewandte

ZIMMERMANN Mit Fliegen mag das angehn. Die Wespen lachen Eures Gespinstes.

VANSEN Nachdem die Spinnen sind. Seht der lange Herzog hat euch so ein rein Ansehn von einer Kreuzspinne, nicht einer dickbäuchigen, die sind weniger schlimm, aber so einer langfüßigen schmalleibigen, die vom Fraße nicht feist wird und recht dünne Fäden zieht aber desto zähere.

JETTER Egmont ist Ritter des goldnen Vlieses, wer darf Hand an ihn legen? Nur von seines Gleichen kann er gerichtet werden nur vom gesamten Orden. Dein loses Maul, dein böses Gewissen verführen dich zu solchem Geschwätze.

VANSEN Will ich ihm darum übel? Mir kanns recht sein. Es ist ein trefflicher Herr! Ein Paar meiner guten Freunde, die anderwärts schon wären gehangen worden, hat er mit einem Buckelvoll Schläge verabschiedet. Nun geht! Geht! Ich rat' es euch selbst. Dort seh ich wieder eine Runde antreten, die sehen nicht aus als wenn sie sobald Brüderschaft mit uns trinken würden. Wir wollens abwarten, und nur sachte zu sehen. Ich hab' ein Paar Nichten, und einen Gevatter Schenkwirt, wenn sie von denen gekostet haben und werden dann nicht zahm; so sind sie ausgepichte Wölfe*.

hart gesottene Bösewichte

Der ⌜Culenburgische Palast⌝
Wohnung des Herzogs von Alba

Silva und Gometz begegnen einander.

SILVA Hast du die Befehle des Herzogs ausgerichtet?

GOMETZ Pünktlich. Alle tägliche Runden sind beordert* zur bestimmten Zeit an verschiednen Plätzen einzutreffen, die ich ihnen bezeichnet habe; sie gehen indes, wie gewöhnlich, durch die Stadt um Ordnung zu erhalten. Keiner weiß von dem andern, jeder glaubt, der Befehl gehe ihn allein an, und in einem Augenblick kann alsdann der Cordon* gezogen und alle Zugänge zum Palast können besetzt sein. Weißt du die Ursache dieses Befehls?

angewiesen, beauftragt

(franz.) Militär. Absperrung, Postenkette

SILVA Ich bin gewohnt blindlings zu gehorchen. Und wem gehorcht sich's leichter als dem Herzoge, da bald der Ausgang beweist daß er recht befohlen hat.

GOMETZ Gut! Gut! Auch scheint es mir kein Wunder, daß du so verschlossen und einsilbig wirst wie er, da du immer um ihn sein mußt. Mir kommt es fremd vor, da ich den leichteren italiänischen Dienst gewohnt bin. An Treue und Gehorsam bin ich der Alte, aber ich habe mir das schwätzen und raisonieren* angewöhnt, ihr schweigt alle und laßt es euch nie wohl sein. Der Herzog gleicht mir einem ehrnen Turn ohne Pforte, wozu die Besatzung Flügel hätte. Neulich hört ich ihn bei Tafel von einem frohen freundlichen Menschen sagen: er sei wie eine schlechte Schenke mit einem ausgesteckten Branntwein Zeichen*, um Müßiggänger, Bettler und Diebe herein zu locken.

Das Schimpfen, Nörgeln

Weist auf ein Lokal mit Branntweinausschank hin

SILVA Und hat er uns nicht schweigend hierher geführt?

GOMETZ Dagegen ist nichts zu sagen. Gewiß! Wer Zeuge seiner Klugheit war, wie er die Armee aus Italien hier herbrachte, der hat etwas gesehen. Wie er sich durch Freund und Feind, durch die Franzosen, königlichen und Ketzer, durch die Schweitzer und Verbundne gleichsam durchschmiegte, die strengste Mannszucht hielt und einen Zug den man so gefährlich achtete, leicht und ohne Anstoß zu leiten wußte! – Wir haben was gesehen, was lernen können.

SILVA Auch hier! Ist nicht alles still und ruhig als wenn kein Aufstand gewesen wäre?

GOMETZ Nun es war auch schon meist still als wir herkamen.

SILVA In den Provinzen ist es viel ruhiger geworden, und wenn sich noch einer bewegt; so ist es zu entfliehen; aber auch diesen wird er die Wege bald versperren, denk ich.

GOMETZ Nun wird er erst die Gunst des Königs gewinnen.

SILVA Und uns bleibt nichts angelegner als uns die seinige zu erhalten. Wenn der König hierher kommt bleibt gewiß der Herzog und jeder den er empfiehlt nicht unbelohnt.

GOMETZ Glaubst du daß der König kommt?

SILVA Es werden so viele Anstalten gemacht, daß es höchst wahrscheinlich ist.

GOMETZ Mich überreden sie nicht*.

Mich überzeugen sie (die Vorbereitungen) nicht.

SILVA So rede wenigstens nicht davon. Denn wenn des Königs Absicht ja nicht sein sollte zu kommen; so ist sie's doch wenigstens gewiß daß man es glauben soll.

FERDINAND *Albas natürlicher Sohn:* Ist mein Vater noch nicht heraus?

SILVA Wir warten auf ihn.

FERDINAND Die Fürsten werden bald hier sein.

GOMETZ Kommen sie heute?

FERDINAND Oranien und Egmont.

GOMETZ *leise zu Silva:* Ich begreife etwas.

SILVA So behalt es für dich.

Herzog von Alba wie er herein und hervor tritt treten die andern zurück.

ALBA Gometz!

GOMETZ *tritt vor:* Herr!

ALBA Du hast die Wachen verteilt und beordert.

GOMETZ Auf's genauste. Die täglichen Runden –

(franz.) Säulenhalle

ALBA Genug. Du wartest in der Galerie*. Silva wird dir den Augenblick sagen wenn du sie zusammen ziehen, die Zugänge nach den Palaste besetzen sollst. Das übrige weißt du.

GOMETZ Ja Herr!

Ab.

ALBA Silva!

SILVA Hier bin ich.

ALBA Alles was ich von jeher an dir geschätzt habe, Mut, Entschlossenheit, unaufhaltsames Ausführen, das zeige heut.

SILVA Ich danke Euch daß Ihr mir Gelegenheit gebt zu zeigen daß ich der Alte bin.

ALBA Sobald die Fürsten bei mir eingetreten sind, dann eile gleich Egmonts Geheimschreiber gefangen zu nehmen. Du hast alle Anstalten gemacht, die übrigen welche bezeichnet sind zu fahen*?

fangen, festzusetzen

SILVA Vertrau auf uns, ihr Schicksal wird sie, wie eine wohlberechnete Sonnenfinsternis pünktlich und schröcklich treffen.

ALBA Hast du sie genau beobachten lassen?

SILVA Alle. Egmonten vor andern. Er ist der Einzige der seit du hier bist sein Betragen nicht geändert hat. Den ganzen Tag von einem Pferd aufs andre, lädt Gäste, ist immer lustig und unterhaltend bei Tafel, würfelt, schießt und schleicht Nachts zum Liebchen. Die andern haben dagegen eine merkliche Pause in ihrer Lebensart gemacht, sie bleiben bei sich, vor ihrer Türe siehts aus als wenn ein Kranker im Hause wäre.

gefälligen, zuvorkommenden

ALBA Drum rasch, eh sie uns wider Willen genesen.

Hier: diplomatisch

SILVA Ich stelle sie. Auf deinen Befehl überhäufen wir sie mit dienstfertigen* Ehren. Ihnen grauts, politisch* geben sie uns einen ängstlichen Dank, fühlen das rätlichste sei zu entfliehen, keiner wagt einen Schritt, sie zaudern, können sich nicht vereinigen und einzeln etwas kühnes zu tun hält sie der Gemein-Geist* ab. Sie möchten gern sich jedem Verdacht entziehen, und machen sich immer verdächtiger. Schon seh ich mit Freuden deinen ganzen Anschlag ausgeführt.

Gemeinsinn

ALBA Ich freue mich nur über das Geschehne, und über das nicht leicht, denn es bleibt stets noch übrig was uns zu denken und zu sorgen gibt. Das Glück ist eigensinnig oft, das Gemeine das Nichtswürdige zu adlen und wohlüberlegte Taten mit einem gemeinen Ausgang zu entehren.

Verweile bis die Fürsten kommen, dann gib Gometz die Ordre* die Straßen zu besetzen und eile selbst Egmonts Schreiber und die übrigen gefangen zu nehmen die dir bezeichnet sind; ist es getan; so komm hierher und meld es meinem Sohne daß er mir in den Rat die Nachricht bringe.

(franz.) Befehl, Anordnung

SILVA Ich hoffe diesen Abend vor dir stehn zu dürfen.

Alba geht nach seinem Sohne der bisher in der Galerie gestanden.

SILVA Ich traue mir es nicht zu sagen aber meine Hoffnung schwankt, ich fürchte es wird nicht werden wie er denkt. Ich sehe Geister vor mir die still und sinnend auf schwarzen Schalen das Geschick der Fürsten und vieler tausende wägen. Langsam wankt das Zünglein auf und ab, tief scheinen die Richter zu sinnen, zuletzt sinkt diese Schale, steigt jene angehaucht vom Eigensinn des Schicksals und entschieden ists.

Ab.

Alba mit seinem Sohne hervortretend.

ALBA Wie fandst du die Stadt?

SOHN Es hat sich alles gegeben. Ich ritt als wie zum Zeitvertreib Straß auf, Straß ab. Eure wohlverteilten Wachen halten die Furcht so angespannt daß sie sich nicht zu lispeln untersteht. Die Stadt sieht einem Felde ähnlich wenn das Gewitter von weiten leuchtet, man erblickt keinen Vogel, kein Tier als das eilend nach einem Schutzorte schlüpft.

ALBA Ist dir nichts weiter begegnet?

SOHN Egmont kam mit einigen auf den Markt geritten, wir grüßten uns, er hatte ein rohes* Pferd das ich ihm loben mußte. Laßt uns eilen Pferde zuzureiten, wir werden sie bald brauchen! rief er mir entgegen. Er werde mich noch heute wiedersehn, sagte er, und komme auf Euer Verlangen mit Euch zu ratschlagen.

wildes, ungezähmtes

ALBA Er wird dich wiedersehn.

SOHN Unter allen Rittern die ich hier kenne gefällt er mir am besten. Es scheint wir werden Freunde sein.

ALBA Du bist noch immer zu schnell und wenig behutsam, immer erkenn ich in dir den Leichtsinn deiner Mutter der mir sie unbedingt in die Arme lieferte. Zu mancher gefährlichen Verbindung lud dich der Anschein voreilig ein.

SOHN Euer Wille findet mich bildsam*.

formbar, beeinflussbar

ALBA Ich vergebe deinem jungen Blute dies leichtsinnige Wohlwollen, diese unachtsame Fröhlichkeit. Nur vergiß nicht zu welchem Werke ich gesandt bin und welchen Teil ich dir daran geben möchte.

SOHN Erinnert mich und schont mich nicht wo Ihr es nötig haltet.

ALBA *nach einer Pause:* Mein Sohn!

SOHN Mein Vater!

ALBA Die Fürsten kommen bald, Oranien und Egmont kommen. Es ist nicht Mißtraun daß ich dir erst jetzt entdecke was geschehen soll. Sie werden nicht wieder von hinnen gehn.

SOHN Was sinnst du?

ALBA Es ist beschlossen, sie festzuhalten. Du erstaunst. Was du zu tun hast, höre, die Ursachen sollst du wissen wenn es geschehn ist, jetzt bleibt keine Zeit sie auszulegen*. Mit dir allein wünscht ich das Größte das Geheimste zu besprechen, ein starkes Band hält uns zusammen gefesselt, du bist mir wert und lieb, auf dich möcht ich alles häufen. Nicht die Gewohnheit zu gehorchen allein möcht ich dir einprägen, auch den Sinn auszudenken, zu befehlen, auszuführen wünscht ich in dir fortzupflanzen, dir ein großes Erbteil dem Könige den brauchbarsten Diener zu hinterlassen, dich mit dem Besten was ich habe auszustatten, daß du dich nicht schämen dürfest unter deine Brüder* zu treten.

auszulegen: darzulegen, zu erklären

Brüder: Albas legitime Söhne im Unterschied zum unehelichen Ferdinand

SOHN Was werd ich nicht dir für diese Liebe schuldig die du mir allein zuwendest indem ein ganzes Reich vor dir zittert.

ALBA Nun höre was zu tun ist. Sobald die Fürsten eingetreten sind, wird jeder Zugang zum Palaste besetzt. Dazu hat Gometz die Ordre. Silva wird eilen Egmonts Schreiber mit den verdächtigsten gefangen zu nehmen. Du hältst die Wache am Tore und in den Höfen in Ordnung. Vor allen Dingen besetze diese Zimmer hier neben mit den sichersten Leuten, dann warte auf der Galerie bis Silva wiederkommt und bringe mir irgend ein unbedeutend Blatt herein zum Zeichen daß sein Auftrag ausgerichtet ist. Dann bleib im Vorsaale bis Oranien weggeht, folg ihm, ich halte Egmont hier als ob ich ihm noch was zu sagen hätte. Am Ende der Galerie fordre Oraniens Degen, rufe die Wache an, verwahre schnell den gefährlichsten Mann, und ich faß Egmont hier.

SOHN Ich gehorche mein Vater, zum erstenmal mit schwerem Herzen und mit Sorge.

ALBA Ich verzeihe dirs, es ist der erste große Tag den du erlebst.

SILVA *tritt herein:* Ein Bote von Antwerpen. Hier ist Oraniens Brief! ⌜Er kommt nicht⌝.

ALBA Sagt es der Bote?

SILVA Nein, mir sagts das Herz.

ALBA Aus dir spricht mein böser Genius*.

Hier i. S. v.: Vorahnung, Befürchtung

Nachdem er den Brief gelesen, winkt er beiden und sie ziehen sich in die Galerie zurück, er bleibt allein auf dem Vorderteile.

Er kommt nicht! Bis auf den letzten Augenblick verschiebt er sich zu erklären. Er wagt es nicht zu kommen. So war denn diesmal wider Vermuten der Kluge klug genug nicht klug zu sein. – Es rückt die Uhr! Noch einen kleinen Weg des Seigers* und ein großes Werk ist getan oder versäumt, unwiederbringlich versäumt, denn es ist weder nachzuholen noch zu verheimlichen. Längst hatt' ich alles reiflich abgewogen und mir auch diesen Fall gedacht, mir festgesetzt was auch in diesem Falle zu tun sei, und jetzt da es zu tun ist wehr ich mir kaum daß nicht das für und wider mir aufs neue durch die Seele schwankt – Ists rätlich die andern zu fangen wenn er mir entgeht? – Schieb ich es auf und laß Egmont mit den seinigen, mit sovielen entschlupfen die nun, vielleicht nur heute noch in meinen Händen sind. So zwingt dich das Geschick denn auch du Unbezwinglicher! Wie lang gedacht! Wie wohl bereitet! Wie groß wie schön der Plan! Wie nah die Hoffnung ihrem Ziele! Und nun im Augenblicke des Entscheidens bist du zwischen zwei Übel gestellt, ⌜wie in einen Lostopf greifst du in die dunkle Zukunft, was du fassest ist noch zugerollt dir unbewußt sei's Treffer oder Fehler!⌝

Zeigers

Er wird aufmerksam wie einer der etwas hört und tritt ans Fenster.

Er ist es! Egmont! – Trug dich dein Pferd so leicht herein und scheute vor dem Blutgeruche nicht, und vor dem Geiste mit dem blanken Schwerte, der an der Pforte dich empfängt? – Steig ab! – So bist du mit dem Einen Fuß im Grab! und so mit beiden! – Ja streichl' es nur und klopfe für seinen mutgen Dienst zum letztenmal den Nacken ihm – Und mir bleibt keine Wahl, in der Verblendung wie hier Egmont naht, kann er dir nicht zum zweitenmal sich liefern! – Hört!

Sohn und Silva treten eilig herbei.

Ihr tut was ich befahl, ich ändre meinen Willen nicht. Ich halte wie es gehn will Egmont auf bis du mir von Silva die Nachricht gebracht hast. Dann bleib in der Nähe. Auch dir raubt das Geschick das große Verdienst, des Königs größten Feind mit eigner Hand gefangen zu haben.

Zu Silva: Eile!

Zum Sohne: Geh ihm entgegen.

Alba bleibt einige Augenblicke allein und geht schweigend auf und ab.

EGMONT *tritt auf:* Ich komme die Befehle des Königs zu vernehmen, zu hören welchen Dienst er von unsrer Treue verlangt, die ihm ewig ergeben bleibt.

ALBA Er wünscht vor allen Dingen Euren Rat zu hören.

EGMONT Über welchen Gegenstand? Kommt Oranien auch? Ich vermutete ihn hier.

ALBA Mir tut es leid daß er uns eben in dieser wichtigen Stunde fehlt. Euren Rat, Eure Meinung wünscht der König wie diese Staaten wieder zu befriedigen*. Ja er hofft (befrieden) Ihr werdet kräftig mitwürken, diese Unruhen zu stillen, und die Ordnung der Provinzen völlig und dauerhaft zu gründen.

EGMONT Ihr könnt besser wissen als ich daß schon alles genug beruhigt ist, ja noch mehr beruhigt war eh die Erscheinung des neuen Soldaten wieder mit Furcht und Sorge die Gemüter bewegte.

ALBA Ihr scheinet andeuten zu wollen, das rätlichste sei gewesen, wenn der König mich gar nicht in den Fall gesetzt hätte Euch zu fragen.

EGMONT Verzeiht! Ob der König das Heer hätte schicken sollen, ob nicht vielmehr die Macht seiner majestätischen Gegenwart allein stärker gewürkt hätte, ist meine Sache nicht zu beurteilen, das Heer ist da, er nicht. Wir aber müßten sehr undankbar, sehr vergessen sein wenn wir uns nicht erinnerten was wir der Regentin schuldig sind. Bekennen wir! sie brachte durch ihr so kluges als tapfres Betragen die Aufrührer mit Gewalt und Ansehn, mit Überredung und List zur Ruhe und führte zum Erstaunen der Welt ein rebellisches Volk in wenigen Monaten zu seiner Pflicht zurück.

ALBA Ich leugne es nicht. Der Tumult ist gestillt, und jeder scheint in die Grenzen des Gehorsams zurück gebannt. Aber hängt es nicht von eines jeden Willkür ab, sie zu verlassen? Wer will das Volk hindern loszubrechen? Wo ist die Macht sie abzuhalten? Wer bürgt uns daß sie sich ferner treu und untertänig zeigen werden? Ihr guter Wille ist alles Pfand das wir haben.

EGMONT Und ist der gute Wille eines Volks nicht das sicherste, das edelste Pfand? Bei Gott! Wann darf sich ein König sichrer halten als wenn sie alle für Einen, einer für alle stehn? Sichrer, gegen innre und äußere Feinde?

ALBA Wir werden uns doch nicht überreden sollen daß es jetzt hier so steht.

EGMONT Der König schreibe einen General Pardon* aus, er beruhige die Gemüter und bald wird man sehen wie Treue und Liebe mit dem Zutrauen wieder zurückkehrt.

Allg. Begnadigung, Amnestie für polit. motivierte Vergehen

ALBA Und jeder der die Majestät des Königs, der das Heiligtum der Religion geschändet, ginge frei und ledig* hin und wider! Lebte, den andern zum bereiten Beispiel daß ungeheure Verbrechen straflos sind.

entlastet, ungehindert

EGMONT Und ist ein Verbrechen des Unsinns, der Trunkenheit nicht eher zu entschuldigen, als grausam zu bestrafen? Besonders wo so sichre Hoffnung, wo Gewißheit ist, daß die Übel nicht wiederkehren werden. Waren Könige darum nicht sichrer? Werden sie nicht von Welt und Nachwelt gepriesen, die eine Beleidigung ihrer

Würde vergeben, bedauren, verachten konnten? Werden sie nicht eben deswegen Gott gleich gehalten der viel zu groß ist, als daß ihn jede Lästrung reichen sollte.

ALBA Und eben darum soll der König für die Würde Gottes und der Religion, wir sollen für das Ansehn des Königes streiten. Was der Obere abzulehnen verschmäht, ist unsre Pflicht zu rächen. Ungestraft soll wenn ich rate kein Schuldiger sich freuen.

EGMONT Glaubst du daß du sie alle reichen* wirst? Hört man nicht täglich daß die Furcht sie hie und dahin, sie aus dem Lande treibt? Die Reichsten werden ihre Güter, sich, ihre Kinder und Freunde flüchten, der Arme wird seine nützliche Hände dem Nachbar zu bringen.

erreichen, zu fassen bekommst

ALBA Sie werden, wenn man sie nicht verhindern kann. Darum verlangt der König Rat und Tat von jedem Fürsten, Ernst von jedem Statthalter; nicht nur Erzählung wie es ist, was werden könnte, wenn man alles gehen ließe wie's geht. Einem großen Übel zusehen, sich mit Hoffnung schmeicheln, der Zeit vertrauen, etwa einmal drein schlagen wie im Faßnachtsspiel, daß es klatscht und man doch etwas zu tun scheint wenn man nichts tun möchte; heißt das nicht sich verdächtig machen, als sehe man dem Aufruhr mit Vergnügen zu, den man nicht erregen, wohl aber hegen möchte.

EGMONT *im Begriff aufzufahren nimmt sich zusammen, und spricht, nach einer kleinen Pause, gesetzt:* Nicht jede Absicht ist offenbar und manches Mannes Absicht ist zu mißdeuten. Muß man doch auch von allen Seiten hören: es sei des Königs Absicht weniger die Provinzen nach einförmigen und klaren Gesetzen zu regieren, die Majestät der Religion zu sichern und einen allgemeinen Frieden seinem Volke zu geben; als vielmehr, sie unbedingt zu unterjochen; sie ihrer alten Rechte zu berauben, sich Meister von ihren Besitztümern zu machen, die schönen Rechte des Adels einzuschränken, um derentwillen der Edle allein ihm dienen, ihm Leib und Leben widmen mag. Die Religion sagt man sei nur ein prächtiger Teppich hinter dem man jeden gefährlichen Anschlag nur desto leichter ausdenkt. Das Volk liegt auf den Knieen, betet die heiligen gewürkten Zeichen an und hinten lauscht der Vogelsteller, der sie berücken* will.

ins Netz, in die Falle locken

ALBA Das muß ich von dir hören.

EGMONT Nicht meine Gesinnungen! Nur was bald hier bald da von großen und von kleinen, klugen und Toren gesprochen, laut verbreitet wird. Die Niederländer fürchten ein doppeltes Joch* und wer bürgt ihnen ihre Freiheit.

polit. und relig. Unterdrückung

ALBA Freiheit! Ein schönes Wort wers recht verstünde. Was wollen sie für Freiheit? Was ist des freisten Freiheit? – Recht zu tun! – und daran wird sie der König nicht hindern. Nein! nein! sie glauben sich nicht frei wenn sie sich nicht selbst und andern schaden können. Wäre es nicht besser abzudanken, als ein solches Volk zu regieren? Wenn auswärtige Feinde drängen, an die kein Bürger denkt, der mit dem Nächsten nur beschäftigt ist, und der König verlangt Beistand; dann werden sie uneins unter sich und verschwören sich gleichsam mit ihren Feinden. Weit besser ists sie einzuengen, daß man sie wie Kinder halten wie Kinder zu ihrem Besten leiten kann. Glaube nur, ein Volk wird nicht alt, nicht klug, ein Volk bleibt immer kindisch.

EGMONT Wie selten kommt ein König zu Verstand. Und sollen sich viele nicht lieber vielen vertrauen als Einem, und nicht einmal dem Einen sondern den Wenigen des Einen*, dem Volke das an den Blicken seines Herren altert*, das hat wohl allein das Recht klug zu werden.

den Höflingen, dem Hofstaat des Königs

klüger, weiser wird; hier: ironisch gemeint

ALBA Vielleicht eben darum weil es sich nicht selbst überlassen ist.

EGMONT Und darum niemand gern sich selbst überlassen

möchte. Man tue was man will, ich habe auf deine Frage geantwortet, und wiederhole: es geht nicht! Es kann nicht gehn! Ich kenne meine Landsleute. Es sind Männer, wert Gottes Boden zu betreten, ein jeder rund für sich ein kleiner König, fest, rührig, fähig, treu, an alten Sitten hangend. Schwer ists ihr Zutraun zu verdienen, leicht zu erhalten. Starr und fest! Zu drucken* sind sie nicht zu unterdrucken.

* Hier: drücken, herzen

ALBA *der sich indes einigemale umgesehn hat:* Solltest du das alles in des Königs Gegenwart wiederholen?

EGMONT Desto schlimmer wenn mich seine Gegenwart abschröckte! Desto besser für ihn für sein Volk, wenn er mir Mut machte, wenn er mir Zutraun einflößte noch weit mehr zu sagen.

ALBA Was nützlich ist kann ich hören wie er.

EGMONT Ich würde ihm sagen: Leicht kann der Hirt eine ganze Herde Schafe vor sich hintreiben, der Stier zieht seinen Pflug ohne Widerstand; aber dem edlen Pferde das du reiten willst, mußt du seine Gedanken ablernen, du mußt nichts unkluges nichts unklug von ihm verlangen. Darum wünscht der Bürger seine alte Verfassung zu behalten, von seinen Landsleuten regiert zu sein, weil er weiß wie er geführt wird, weil er von ihnen Uneigennutz, Teilnehmung an seinem Schicksal hoffen kann.

ALBA Und sollte der Regent nicht Macht haben dieses alte Herkommen zu verändern, und sollte nicht eben dies sein schönstes Vorrecht sein? Was ist bleibend auf dieser Welt? Und sollte eine Staatseinrichtung bleiben können? Muß nicht in einer Zeitfolge sich jedes Verhältnis verändern, und eben darum eine alte Verfassung die Ursache von tausend Übeln werden, weil sie den gegenwärtigen Zustand des Volkes nicht umfaßt. Ich fürchte diese alten Rechte sind darum so angenehm weil sie Schlupfwinkel bilden, in welchen der Kluge, der Mächtige zum Schaden des Volks zum Schaden des Ganzen sich verbergen, durchschleichen kann.

EGMONT Und diese willkürliche Veränderungen, diese unbeschränkten Eingriffe der höchsten Gewalt, sind sie nicht Vorboten daß Einer tun will was Tausende nicht tun sollen? Er will sich allein frei machen, jeden seiner Wünsche befriedigen, jeden seiner Gedanken ausführen zu können. Und wenn wir uns ihm, einem guten weisen König ganz vertrauten, sagt er uns für seine Nachkommen gut? daß keiner ohne Rücksicht ohne Schonung regieren werde? Wer rettet uns als dann von völliger Willkür, wenn er uns seine Diener, seine Nächsten sendet, die ohne Kenntnis des Landes und seiner Bedürfnisse nach Belieben schalten und walten, keinen Widerstand finden, und sich von jeder Verantwortung frei wissen.

ALBA *der sich indes wieder umgesehen hat:* Es ist nichts natürlicher als daß ein König durch sich zu herrschen gedenkt und denen seine Befehle am liebsten aufträgt, die ihn am besten verstehen, verstehen wollen, die seinen Willen unbedingt ausrichten.

EGMONT Und eben so natürlich ists daß der Bürger von dem regiert sein will, der mit ihm geboren und erzogen ist, der gleichen Begriff mit ihm von Recht und Unrecht gefaßt hat, den er als seinen Bruder ansehn kann.

ALBA Und doch hat der Adel mit diesen seinen Brüdern sehr ungleich geteilt.

EGMONT Das ist vor Jahrhunderten geschehen und wird jetzt ohne Neid geduldet. Würden aber neue Menschen ohne Not gesendet, die sich zum zweitenmale auf Unkosten der Nation bereichern wollten, sähe man sich einer strengen, kühnen, unbedingten Habsucht ausgesetzt, das würde eine Gärung machen, die sich nicht leicht in sich selbst auflöste.

ALBA Du sagst mir was ich nicht hören sollte. Auch ich bin fremd.

EGMONT Daß ich dirs sage zeigt dir daß ich dich nicht meine.

ALBA Und auch so, wünscht ich es nicht von dir zu hören. Der König sandte mich mit Hoffnung daß ich hier den Beistand des Adels finden würde. Der König will seinen Willen. Der König hat nach tiefer Überlegung gesehen was dem Volke frommt, es kann nicht bleiben und gehen wie bisher. Des Königs Absicht ist: sie selbst zu ihrem eignen Besten einzuschränken, ihr eigen Heil, wenns sein muß ihnen aufzudringen, die schädlichen Bürger aufzuopfern damit die übrigen Ruhe finden, des Glücks einer weisen Regierung genießen können. Dies ist sein Entschluß, diesen dem Adel kund zu machen habe ich Befehl, und Rat verlang ich in seinem Namen w i e es zu tun sei, nicht w a s, denn das hat er beschlossen.

EGMONT Leider rechtfertigen deine Worte die Furcht des Volks, die allgemeine Furcht! So hat er denn beschlossen was kein Fürst beschließen sollte! Die Kraft seines Volks, ihr Gemüt, den Begriff den sie von sich selbst haben, will er schwächen, niederdrucken, zerstören, um sie bequem regieren zu können. Er will den innern Kern ihrer Eigenheit verderben, gewiß in der Absicht sie glücklicher zu machen. Er will sie vernichten damit sie Etwas werden, ein ander Etwas. Oh, wenn seine Absicht gut ist; so wird sie mißgeleitet! Nicht dem König widersetzt man sich, man stellt sich nur dem Könige entgegen der einen falschen Weg zu wandeln, die ersten unglücklichen Schritte macht.

ALBA Wie du gesinnt bist scheint es ein vergebner Versuch uns vereinigen zu wollen. Du denkst gering vom König, verächtlich von seinen Räten, wenn du zweifelst das alles sei nicht schon gedacht, geprüft, gewogen worden. Ich habe keinen Auftrag jedes Für und Wider noch einmal durchzugehn. Gehorsam fordr' ich von dem Volke – und von Euch, ihr ersten edelsten, Rat und Tat, als Bürgen dieser unbedingten Pflicht.

EGMONT Fordr' unsre Häupter; so ist es auf einmal getan.

Ob sich der Nacken diesem Joche biegen, ob er sich vor dem Beile drucken soll kann einer edlen Seele gleich sein. Umsonst hab ich so viel gesprochen, die Luft hab ich erschüttert weiter nichts gewonnen.

SOHN *kommt:* Verzeiht daß ich euer Gespräch unterbreche. Hier ist ein Brief, dessen Überbringer die Antwort dringend macht.

ALBA Erlaubt mir daß ich sehe was er enthält.

Tritt an die Seite.

SOHN *zu Egmont:* Es ist ein schönes Pferd das Eure Leute gebracht haben Euch abzuholen.

EGMONT Es ist nicht das schlimmste. Ich hab es schon eine Weile, ich denk es wegzugeben, wenn es Euch gefällt; so werden wir vielleicht des Handels einig.

SOHN Gut wir wollen sehn.

Alba winkt seinem Sohne der sich in den Grund zurückzieht.

EGMONT Lebt wohl! entlaßt mich denn ich wüßte bei Gott nicht mehr zu sagen.

ALBA Glücklich hat dich der Zufall verhindert deinen Sinn noch weiter zu verraten. Unvorsichtig entwickelst du die Falten deines Herzens und klagst dich selbst weit strenger an, als ein Widersacher gehässig tun könnte.

EGMONT Dieser Vorwurf rührt mich nicht, ich kenne mich selbst genug und weiß wie ich dem König angehöre. Weit mehr als viele die in seinem Dienst sich selber dienen. Ungern scheid ich aus diesem Streite ohne ihn beigelegt zu sehen, und wünsche nur daß uns der Dienst des Herren, das Wohl des Landes bald vereinigen möge. Es würkt vielleicht ein wiederholtes Gespräch, die Gegenwart der übrigen Fürsten die heute fehlen, in einem glücklichern Augenblick was heut unmöglich scheint. Mit dieser Hoffnung entfern ich mich.

ALBA *der zugleich dem Sohne ein Zeichen gibt:* Halt Egmont! – Deinen Degen! –

Die Mitteltüre öffnet sich, man sieht die Galerie mit Wache besetzt, die unbeweglich bleibt.

EGMONT *der staunend eine Weile geschwiegen:* Dies war die Absicht? Dazu hast du mich berufen?

Nach dem Degen greifend als wenn er sich verteidigen wollte:

Bin ich denn wehrlos?

ALBA Der König befiehlts, du bist mein Gefangner.

Zugleich treten von beiden Seiten Gewaffnete herein.

EGMONT *nach einer Stille:* Der König? – – Oranien! Oranien!

Nach einer Pause seinen Degen hingebend:

So nimm ihn er hat weit öfter des Königs Sache verteidigt, als diese Brust beschützt.

Er geht durch die Mitteltüre ab, die Gewaffneten die im Zimmer sind folgen ihm ingleichen Albas Sohn. Alba bleibt stehen, der Vorhang fällt.* ebenso

Fünfter Aufzug

Straße
Dämmrung

Clärchen. Brackenburg. Bürger

BRACKENBURG Liebchen, um Gotteswillen! was nimmst du vor?

CLÄRCHEN Komm mit, Brackenburg! Du mußt die Menschen nicht kennen, wir befreien ihn gewiß. Denn was gleicht ihrer Liebe zu ihm? Jeder fühlt, ich schwöre es, in sich die Brennende Begier ihn zu retten, die Gefahr von einem kostbaren Leben abzuwenden und dem freisten die Freiheit wieder zu geben. Komm! Es fehlt nur an der Stimme die sie zusammenruft. In ihrer Seele lebt noch ganz frisch, was sie ihm schuldig sind! Und daß sein mächtiger Arm allein von ihnen das Verderben abhält wissen sie. Um seinet und ihrentwillen müssen Sie alles wagen. Und was wagen wir? Zum höchsten unser Leben das zu erhalten nicht der Mühe wert ist wenn er umkommt.

BRACKENBURG Unglückliche! Du siehst nicht die Gewalt, die uns mit ehrnen Banden gefesselt hat.

CLÄRCHEN Sie scheint mir nicht unüberwindlich. Laß uns nicht lang vergebliche Worte wechseln. Hier kommen von den alten, redlichen, wackern Männern! Hört Freunde! Nachbarn hört! – Sagt wie ist es mit Egmont.

ZIMMERMEISTER Was will das Kind? Laß sie schweigen!

CLÄRCHEN Tretet näher daß wir sachte reden bis wir einig sind und stärker. Wir dürfen nicht einen Augenblick versäumen! Die freche Tyrannei die es wagt ihn zu fesseln, zuckt schon den Dolch ihn zu ermorden. O Freunde mit jedem Schritt der Dämmrung werd ich ängstlicher. Ich fürchte diese Nacht. Kommt! Wir wollen uns teilen. Mit schnellem Lauf von Quartier* zu Quartier rufen wir die Bürger heraus. Ein jeder greife zu seinen alten Waffen. Auf dem Markte treffen wir uns wieder und unser Strom reißt einen jeden mit sich fort. Die Feinde sehen sich umringt und überschwemmt und sind erdrückt. Was kann uns eine Handvoll Knechte widerstehn. Und er in unsrer Mitte kehrt zurück, sieht sich befreit und kann uns einmal danken, uns die wir ihm so tief verschuldet worden. Er sieht vielleicht! Gewiß er sieht das Morgenrot am freien Himmel wieder.

Stadtteil

ZIMMERMEISTER Wie ist dir Mädchen?

CLÄRCHEN Könnt ihr mich mißverstehn? Vom Grafen sprech' ich! Ich spreche von Egmont.

JETTER Nennt den Namen nicht! Er ist Tödlich.

CLÄRCHEN Den Namen nicht! Wie! Nicht diesen Namen? Wer nennt ihn nicht bei jeder Gelegenheit? Wo steht er nicht geschrieben? In diesen Sternen hab ich oft mit allen seinen Lettern* ihn gelesen. Nicht nennen? Was soll das? Freunde! Gute teure Nachbarn, ihr träumt besinnt euch! Seht mich nicht so starr und ängstlich an! Blickt nicht schüchtern hie und da bei Seite. Ich ruf euch ja nur zu was jeder wünscht. Ist meine Stimme nicht eures Herzens eigne Stimme? Wer würfe sich in dieser bangen Nacht, eh er sein unruhvolles Bette besteigt nicht auf die Knie ihn mit ernstlichem Gebet vom Himmel zu erringen. Fragt euch einander! frage jeder sich selbst! und wer spricht mir nicht nach: Egmonts Freiheit oder den Tod.

Druckbuchstaben

JETTER Gott bewahr uns da gibts ein Unglück.

CLÄRCHEN Bleibt! Bleibt und drückt euch nicht vor seinem Namen weg, dem ihr euch sonst so froh entgegen drängtet! – Wenn der Ruf ihn ankündigte, wenn es hieß Egmont kommt! ⌜Er kommt von Gendt⌝; da hielten die Bewohner der Straßen sich glücklich durch die er reiten mußte. Und wenn ihr seine Pferde schallen hörtet, warf jeder seine Arbeit hin, und über die bekümmerten Gesichter, die ihr durchs Fenster stecktet, fuhr wie ein Sonnenstrahl von seinem Angesichte ein Blick der Freude und Hoffnung. Da hobt ihr eure Kinder auf der Türschwelle in die Höhe und deutetet ihnen: Sieh das ist Egmont, der größte da! Er ists! Er ists von dem ihr beßre Zeiten als eure armen Väter lebten einst zu erwarten habt. Laßt eure Kinder nicht dereinst euch fragen: wo ist er hin? Wo sind die Zeiten hin die ihr verspracht. – Und so wechseln wir Worte? sind müßig, verraten ihn.

SOEST Schämt euch Brackenburg! Laßt sie nicht gewähren! Steuert dem Unheil*!

Ergänze: entgegen!

BRACKENBURG Lieb Clärchen! wir wollen gehen! Was wird die Mutter sagen? Vielleicht! –

CLÄRCHEN Meinst du ich sei ein Kind oder wahnsinnig! Was kann vielleicht? – Von dieser schröcklichen Gewißheit bringst du mich mit keiner Hoffnung weg. – Ihr sollt mich hören und ihr werdet, denn ich seh's ihr seid bestürzt und könnt euch selbst in eurem Busen nicht wieder finden. Laßt durch die gegenwärtige Gefahr nur einen Blick in das Vergangne dringen, das kurz Vergangne. Wendet eure Gedanken nach der Zukunft. Könnt ihr denn leben? Werdet ihr wenn er zu Grunde geht? Mit seinem Atem flieht der letzte Hauch der Freiheit. Was war er euch? Für wen übergab er sich der dringendsten Gefahr? Seine Wunden flossen und heilten nur für Euch. Die große Seele, die euch alle trug, beschränkt ein Kerker, und Schauer tückischen Mordes schweben um sie her. Er denkt vielleicht an euch, er hofft auf euch, er der nur zu geben nur zu erfüllen gewohnt war.

ZIMMERMEISTER Gevatter kommt.

CLÄRCHEN Und ich habe nicht Arme, nicht Mark wie ihr; doch hab ich was euch allen eben fehlt Mut und Verachtung der Gefahr. Könnt euch mein Atem doch entzünden, könnt ich an meinen Busen drückend euch erwärmen und beleben. Kommt! In eurer Mitte will ich gehen! – Wie eine Fahne wehrlos ein edles Heer von Kriegern wehend anführt; so soll mein Geist um eure Häupter flammen und Liebe und Mut das schwankende zerstreute Volk zu einem fürchterlichen Heer vereinigen.

JETTER Schaff sie beiseite, sie dauert mich.

Bürger ab.

BRACKENBURG Clärchen! Siehst du nicht wo wir sind?

CLÄRCHEN Wo? Unter dem Himmel, der so oft sich herrlicher zu wölben schien, wenn der Edle unter ihm herging. Aus diesen Fenstern haben sie herausgesehn, vier fünf Köpfe über einander, an diesen Türen haben sie gescharrt und genickt wenn er auf die Memmen* herabsah. O ich hatte sie so lieb wie sie ihn ehrten. Wäre er Tyrann gewesen möchten sie vor seinem Falle seitwärts gehn. Aber sie liebten ihn! – O ihr Hände die ihr an die Mützen grifft, zum Schwert könnt ihr nicht greifen – Brackenburg, und wir? – Schelten wir sie? – Diese Arme die ihn so oft festhielten, was tun sie für ihn? – List hat in der Welt soviel erreicht – ⌜Du kennst Wege und Stege, kennst das alte Schloß.⌝ Es ist nichts unmöglich, gib mir einen Anschlag*.

Feiglinge

Idee, Plan zur Befreiung Egmonts

BRACKENBURG Wenn wir nach Hause gingen!

CLÄRCHEN Gut!

BRACKENBURG Dort an der Ecke seh ich Albas Wache, laß doch die Stimme der Vernunft dir zu Herzen dringen. Hältst du mich für feig? Glaubst du nicht daß ich um deinetwillen sterben könnte? Hier sind wir beide toll, ich so gut wie du. Siehst du nicht das Unmögliche? Wenn du dich faßtest! Du bist außer dir.

CLÄRCHEN Außer mir! Abscheulich, Brackenburg, Ihr seid außer Euch. Da ihr laut den Helden verehrtet, ihn Freund und Schutz und Hoffnung nanntet, ihm Vivat rieft wenn er kam, da stand ich in meinem Winkel, schob das Fenster halb auf, verbarg mich lauschend und das Herz schlug mir höher als euch allen. Jetzt schlägt mir's wieder höher als euch allen! Ihr verbergt euch da es Not ist, verleugnet ihn, und fühlt nicht daß ihr untergeht wenn er verdirbt.

BRACKENBURG Komm nach Hause.

CLÄRCHEN Nach Hause?

BRACKENBURG Besinne dich nur! Sieh dich um! Dies sind die Straßen die du nur sonntäglich betratst, durch die du sittsam gefaltet nach der Kirche gingst; wo du übertrieben ehrbar zürntest wenn ich mit einem freundlichen grüßenden Wort mich zu dir gesellte. Du stehst und redest, handelst vor den Augen der offnen Welt, besinne dich Liebe! Zu was hilft es uns?

CLÄRCHEN Nach Hause. Ja ich besinne mich. Komm Brakkenburg nach Hause! Weißt du wo meine Heimat ist? *Ab.*

Gefängnis

Durch eine Lampe erhellt, ein Ruhebett im Grunde

EGMONT Alter Freund! immer getreuer Schlaf, fliehst du mich auch wie die übrigen Freunde? Wie willig senktest du dich auf mein freies Haupt herunter und kühltest wie ein schöner Myrtenkranz der Liebe* meine Schläfe. Mitten unter Waffen, auf der Woge des Lebens ruht ich leicht atmend, wie ein aufquellender Knabe in deinen Armen. Wenn Stürme durch Zweige und Blätter sausten, sich Ast und Wipfel knirrend bewegten blieb innerst doch der Kern des Herzens ungeregt. Was schüttelt dich nun? was erschüttert den festen, treuen Sinn? Ich fühls, ⌜es ist der Klang der Mordaxt, die an meiner Wurzel nascht⌝. Noch steh ich aufrecht und ein innrer Schauer durchfährt mich. Ja sie überwindet, die verräterische Gewalt, sie untergräbt den festen hohen Stamm,

Klass. Symbol der Liebe, Myrtenkranz als Brautschmuck

und eh die Rinde dorrt, stürzt krachend und zerschmetternd deine Krone.
Warum denn jetzt, der du so oft gewaltge Sorgen gleich Seifenblasen dir vom Haupte weggewiesen, warum vermagst du nicht die Ahndung zu verscheuchen, die tausendfach in dir sich auf und niedertreibt? Seitwenn begegnet der Tod dir fürchterlich? mit dessen wechselnden Bildern wie mit den übrigen Gestalten der gewohnten Erde du gelassen lebtest. – Auch ist er's nicht der rasche Feind dem die gesunde Brust wetteifernd sich entgegen sehnt, der Kerker ist's, des Grabes Vorbild, dem Helden, wie dem Feigen widerlich. Unleidlich ward mir's schon auf meinem gepolsterten Stuhle wenn in stattlicher Versammlung die Fürsten, was leicht zu entscheiden war, mit wiederkehrenden Gesprächen überlegten und zwischen düstern Wänden eines Saals die Balken der Decke mich erdrückten. Da eilt ich fort sobald es möglich war, und rasch aufs Pferd mit tiefem Atemzug. Und frisch hinaus da wo wir hingehören, ins Feld wo aus der Erde dampfend jede nächste Wohltat der Natur und durch die Himmel wehend alle Segen der Gestirne einhüllend uns umwittern. Wo wir ⌜dem erdgebornen Riesen gleich⌝, von der Berührung unsrer Mutter kräftiger uns in die Höhe reißen, wo wir die Menschheit* ganz und menschliche Begier in allen Adern fühlen, wo das Verlangen vorzudringen, zu besiegen, zu erhaschen, seine Faust zu brauchen, zu besitzen, zu erobern durch die Seele des jungen Jägers glüht, wo der Soldat sein angeboren Recht auf alle Welt mit raschem Schritt sich anmaßt und in fürchterlicher Freiheit wie ein Hagelwetter durch Wiese, Feld und Wald verderbend streicht und keine Grenzen kennt, die Menschenhand gezogen.

Hier: das Menschsein

Du bist nur Bild, Erinnrungstraum des Glücks das ich solang besessen, wo hat dich das Geschick verrätrisch hingeführt? Versagt es dir den nie gescheuten Tod vorm

Angesicht der Sonne rasch zu gönnen um dir des Grabes Vorgeschmack im eklen Moder zu bereiten? Wie haucht er mich aus diesen Steinen widrig an. Schon starrt das Leben und vorm Ruhebette wie für dem Grabe scheut der Fuß. – O Sorge! Sorge! die du vor der Zeit den Mord beginnst, laß ab – Seit wann ist Egmont denn allein, so ganz allein in dieser Welt? Dich macht der Zweifel hülflos nicht das Glück. Ist die Gerechtigkeit des Königs, der du lebenslang vertraut, ist der Regentin Freundschaft, die fast, du darfst es dir gestehn, fast Liebe war, sind sie auf einmal wie ein glänzend Feuerbild der Nacht* verschwunden und lassen dich allein auf dunklem Pfad zurück? Wird an der Spitze deiner Freunde Oranien nicht wagend sinnen? Wird nicht ein Volk sich sammeln und mit anschwellender Gewalt den alten Freund rächend erretten?

ein Meteor

O haltet Mauern die ihr mich einschließt so vieler Geister wohlgemeintes Drängen nicht von mir ab, und welcher Mut aus meinen Augen sonst sich über sie belebend ergoß der kehre nun aus ihrem Herzen in meines wieder. O ja, sie rühren sich zu tausenden, sie kommen! stehen mir zur Seite. Ihr frommer Wunsch eilt dringend zu dem Himmel, er bittet um ein Wunder. ⌜Und steigt zu meiner Rettung nicht ein Engel nieder⌝; so seh ich sie nach Lanz und Schwertern greifen. Die Tore spalten sich, die Gitter springen, die Mauer stürzt vor ihren Händen ein, und der Freiheit des einbrechenden Tages steigt Egmont fröhlich entgegen. Wie manch bekannt Gesicht empfängt mich jauchzend. Ach Clärchen, wärst du Mann; so säh ich dich gewiß auch hier zuerst und dankte dir, was einem Könige zu danken hart ist, Freiheit.

Clärchens Haus

CLÄRCHEN *kommt mit einer Lampe und einem Glas Wasser aus der Kammer, sie setzt das Glas auf den Tisch und tritt ans Fenster:* Brackenburg? Seid Ihrs? Was hört ich denn? noch niemand? Es war niemand! Ich will die Lampe in's Fenster setzen daß er sieht ich wache noch, ich warte noch auf ihn. Er hat mir Nachricht versprochen, Nachricht! entsetzliche Gewißheit! – Egmont verurteilt! – Welch Gericht darf ihn fordern? und sie verdammen ihn! Der König verdammt ihn? oder der Herzog? Und die Regentin entzieht sich! Oranien zaudert und alle seine Freunde! – – Ist dies die Welt? Von deren Wankelmut, Unzuverlässigkeit ich viel gehört und nichts empfunden. Ist dies die Welt? – Wer wäre bös genug den Teuren anzufeinden? Wäre Bosheit mächtig genug den allgemein erkannten* schnell zu stürzen? Doch ist es so – es ist – O Egmont, sicher hielt ich dich vor Gott und Menschen wie in meinen Armen! Was war ich dir? Du hast mich dein genannt, mein ganzes Leben widmet ich deinem Leben. – Was bin ich nun? Vergebens streck ich nach der Schlinge die dich faßt die Hand aus. Du hülflos und ich frei! – Hier ist der Schlüssel zu meiner Türe. An meiner Willkür hängt mein Gehen und mein Kommen, und dir bin ich zu nichts! – – O bindet mich damit ich nicht verzweifle, und werft mich in den tiefsten Kerker, daß ich das Haupt an feuchte Mauren schlage, nach Freiheit winsle, träume wie ich ihm helfen wollte wenn Fesseln mich nicht lähmten, wie ich ihm helfen würde. – Nun bin ich frei! Und in der Freiheit liegt die Angst der Ohnmacht. – Mir selbst bewußt, nicht fähig ein Glied nach seiner Hülfe zu rühren. Ach leider, auch der kleine Teil von deinem Wesen, dein Clärchen ist wie du gefangen und regt getrennt im Todeskrampfe nur die letzten Kräfte. – Ich höre schleichen husten – Brackenburg – er

Anerkannten, Liebling des Volkes

ists! – Elender guter Mann, dein Schicksal bleibt sich immer gleich, dein Liebchen öffnet dir die nächtliche Türe, und ach zu welch unseliger Zusammenkunft.

Brackenburg tritt auf.

CLÄRCHEN Du kommst so bleich und schüchtern, Brackenburg, was ists?

BRACKENBURG Durch Umwege und Gefahren such ich dich auf. Die großen Straßen sind besetzt, durch Gäßchen und durch Winkel hab ich mich zu dir gestohlen.

CLÄRCHEN Erzähl, wie ists?

BRACKENBURG *indem er sich setzt:* Ach Cläre laß mich weinen. Ich liebt ihn nicht. Er war der reiche Mann und lockte des Armen einziges Schaf zur bessern Weide herüber. Ich hab ihn nie verflucht, Gott hat mich treu geschaffen und weich. In Schmerzen floß mein Leben von mir nieder, und zu verschmachten hofft ich jeden Tag.

CLÄRCHEN Vergiß das Brackenburg! Vergiß dich selbst! Sprich mir von ihm! Ists wahr! Ist er verurteilt?

BRACKENBURG Er ists ich weiß es ganz genau.

CLÄRCHEN Und lebt noch?

BRACKENBURG Ja, er lebt noch.

CLÄRCHEN Wie willst du das versichern? – Die Tyrannei ermordet in der Nacht den Herrlichen, vor allen Augen verborgen fließt sein Blut. Ängstlich im Schlafe liegt das betäubte Volk, und träumt von Rettung, träumt ihres ohnmächtigen Wunsches Erfüllung. Indes unwillig über uns sein Geist die Welt verläßt. Er ist dahin! – Täusche mich nicht! dich nicht.

BRACKENBURG Nein gewiß er lebt! – Und leider es bereitet der Spanier dem Volke das er zertreten will ein fürchterliches Schauspiel, gewaltsam jedes Herz das nach Freiheit sich regt, auf ewig zu zerknirschen*.

vernichten

CLÄRCHEN Fahr fort, und sprich gelassen auch mein Todesurteil aus! Ich wandle den seligen Gefilden schon näher und näher, mir weht der Trost aus jenen Gegenden des Friedens schon herüber. Sag an.

BRACKENBURG Ich konnt es an den Wachen merken, aus Reden die bald da bald dorten fielen, daß auf dem Markte geheimnisvoll ein Schröcknis zubereitet werde. Ich schlich durch Seitenwege, durch bekannte Gänge nach meines Vettern Haus und sah aus einem Hinterfenster nach dem Markte. – Es wehten Fackeln in einem weiten Kreise spanischer Soldaten hin und wider. Ich schärfte mein ungewohntes Auge und aus der Nacht stieg mir ein schwarzes Gerüst entgegen, geräumig, hoch, mir grauste vor dem Anblick. Geschäftig waren viele rings umher bemüht, was noch von Holzwerk weiß und sichtbar war mit schwarzem Tuche einhüllend zu verkleiden. Die Treppen deckten sie zuletzt auch schwarz ich sah es wohl. Sie schienen die Weihe eines gräßlichen Opfers vorbereitend zu begehn. Ein weißes Kruzifix das durch die Nacht wie Silber blinkte ward an der einen Seite hoch aufgesteckt. Ich sah, und sah die schröckliche Gewißheit immer gewisser. Noch wankten Fackeln hie und da herum, allmählich wichen sie und löschten. Auf einmal war die scheußliche Geburt der Nacht in ihrer Mutter Schoß zurückgekehrt.

CLÄRCHEN Still Brackenburg! Nun still! laß diese Hülle auf meiner Seele ruhn. Verschwunden sind die Gespenster und du holde Nacht leih deinen Mantel der Erde die in sich gärt, sie trägt nicht länger die abscheuliche Last, reißt ihre tiefe Spalten grausend auf, und knirscht das Mordgerüst hinunter. Und irgend einen Engel sendet der Gott den sie zum Zeugen ihrer Wut geschändet, vor des Boten heiliger Berührung lösen sich Riegel und Bande und er umgießt den Freund mit mildem Schimmer, er führt ihn durch die Nacht zur Freiheit sanft und still. Und auch mein Weg geht heimlich in dieser Dunkelheit ihm zu begegnen.

BRACKENBURG *sie aufhaltend:* Mein Kind wohin was wagst du?

Vgl. Brackenburgs Monolog in I,3 (29.34–30.3).

CLÄRCHEN Leise, lieber, daß niemand erwache! Daß wir uns selbst nicht wecken. Kennst du dies Fläschchen* Brackenburg, ich nahm dir's scherzend als du mit übereiltem Tod, oft ungedultig drohtest – und nun mein Freund –

BRACKENBURG In aller Heiligen Namen!

CLÄRCHEN Du hinderst nichts. Tod ist mein Teil! und gönne mir den sanften schnellen Tod, den du dir selbst bereitetest. Gib mir deine Hand! – Im Augenblick da ich die dunkle Pforte eröffne aus der kein Rückweg ist, könnt ich mit diesem Händedruck dir sagen: wie sehr ich dich geliebt, wie sehr ich dich bejammert. Mein Bruder starb mir jung, dich wählt ich seine Stelle zu ersetzen, es widersprach dein Herz und quälte sich und mich, verlangtest heiß und immer heißer was dir nicht beschieden war. Vergib mir und leb wohl. Laß mich dich Bruder nennen! Es ist ein Name der viel Namen in sich faßt. Nimm die letzte schöne Blume der Scheidenden mit treuem Herzen ab – nimm diesen Kuß – der Tod vereinigt alles Brackenburg uns denn auch.

BRACKENBURG So laß mich mit dir sterben! Teile! Teile! Es ist genug zwei Leben auszulöschen.

CLÄRCHEN Bleib! du sollst leben, du kannst leben. – Steh meiner Mutter bei, die ohne dich in Armut sich verzehren würde. Sei ihr was ich ihr nicht mehr sein kann, lebt zusammen, und beweint mich. Beweint das Vaterland, und den der es allein erhalten konnte. Das heutige Geschlecht wird diesen Jammer nicht los, die Wut der Rache selbst vermag ihn nicht zu tilgen. Lebt ihr Armen die Zeit noch hin, die keine Zeit mehr ist. Heut steht die Welt auf einmal still, es stockt ihr Kreislauf und mein Puls schlägt kaum noch wenige Minuten! Leb wohl!

BRACKENBURG O lebe du mit uns, wie wir für dich allein! du tötest uns in dir, o leb und leide. Wir wollen unzertrennlich dir zu beiden Seiten stehn, und immer achtsam soll die Liebe den schönsten Trost in ihren lebendigen Armen dir bereiten. Sei unser! Unser! Ich darf nicht sagen mein.

CLÄRCHEN Leise, Brackenburg, du fühlst nicht was du rührst. Wo Hoffnung dir erscheint ist mir Verzweiflung.

BRACKENBURG Teile mit den Lebendigen die Hoffnung! Verweil' am Rande des Abgrunds, schau hinab – und sieh auf uns zurück.

CLÄRCHEN Ich hab überwunden, ruf mich nicht wieder zum Streit.

BRACKENBURG Du bist betäubt, gehüllt in Nacht suchst du die Tiefe. Noch ist nicht jedes Licht verloschen, noch mancher Tag –!

CLÄRCHEN Weh! über dich Weh! Weh! grausam zerreißest du den Vorhang vor meinem Auge. Ja er wird grauen der Tag! Vergebens alle Nebel um sich ziehn und wider Willen grauen. Furchtsam schaut der Bürger aus seinem Fenster, die Nacht läßt einen schwarzen Flecken zurück, er schaut und fürchterlich wächst im Lichte das Mordgerüst – Neuleidend wendet das entweihte Gottesbild sein flehend Aug zum Vater auf. Die Sonne wagt sich nicht hervor, sie will die Stunde nicht bezeichnen in der er sterben soll. Träg gehn die Zeiger ihren Weg, und eine Stunde nach der andern schlägt. Halt! Halt! nun ist es Zeit mich scheucht des Morgens Ahndung in das Grab. *Sie tritt ans Fenster als sähe sie sich um und trinkt heimlich.*

BRACKENBURG Cläre! Cläre!

CLÄRCHEN *sie geht nach dem Tische und trinkt das Wasser:* Hier ist der Rest! Ich locke dich nicht nach. Tu was du darfst, leb wohl. Lösche diese Lampe still und ohne Zaudern, ich geh zur Ruhe. Schleiche dich sachte weg, ziehe die Türe nach dir zu. Still! Wecke meine Mutter nicht! Geh rette dich! Rette dich! Wenn du nicht mein Mörder scheinen willst.
Ab.

verlässt

BRACKENBURG Sie läßt* mich zum letztenmale wie immer. O könnte eine Menschenseele fühlen wie sie ein liebend Herz zerreißen kann. Sie läßt mich stehn, mir selber überlassen und Tod und Leben ist mir gleich verhaßt. – Allein zu sterben! – Weint ihr Liebenden! Kein härter Schicksal ist als meins! Sie teilt mit mir den Todestropfen und schickt mich weg! von ihrer Seite weg. Sie zieht mich nach, und stößt in's Leben mich zurück. O Egmont, welch preiswürdig Los fällt dir! Sie geht voran, der Kranz des Siegs aus ihrer Hand ist dein*, sie bringt den ganzen Himmel dir entgegen! – Und soll ich folgen? wieder seitwärts stehn? Den unauslöschlichen Neid in jene Wohnungen hinüber tragen? – Auf Erden ist kein Bleiben mehr für mich, und Höll und Himmel bieten gleiche Qual. Wie wäre der Vernichtung Schröckenshand dem Unglückseligen willkommen.

Vgl. Traumerscheinung in der folgenden Szene.

Brackenburg geht ab, das Theater bleibt einige Zeit unverändert. Eine Musik, Clärchens Tod bezeichnend, beginnt, die Lampe, welche Brackenburg auszulöschen vergessen, flammt noch einigemale auf, dann verlischt sie. Bald verwandelt sich der Schauplatz in das

Gefängnis

Egmont, liegt schlafend auf dem Ruhebette, es entsteht ein Gerassel von Schlüsseln und die Türe tut sich auf, Diener mit Fackeln treten herein, ihnen folgt Ferdinand Albas Sohn und Silva, begleitet von Gewaffneten. Egmont fährt aus dem Schlafe auf.

EGMONT Wer seid ihr? die ihr mir unfreundlich den Schlaf von den Augen schüttelt. Was künden eure trotzigen unsichern Blicke mir an? Warum diesen fürchterlichen Aufzug? Welchen Schröckenstraum kommt ihr der halberwachten Seele vorzulügen?

SILVA Uns schickt der Herzog dir dein Urteil anzukündigen.

EGMONT Bringst du den Henker auch mit es zu vollziehn?

SILVA Vernimm es; so wirst du wissen was deiner wartet.

EGMONT So ziemt es euch und eurem schändlichen Beginnen! In Nacht gebrütet und in Nacht vollführt. So mag diese freche Tat der Ungerechtigkeit sich verbergen! – Tritt kühn hervor der du das Schwert verhüllt unter dem Mantel trägst, hier ist mein Haupt, das freiste, das je die Tyrannei vom Rumpf gerissen.

SILVA Du irrst! Was gerechte Richter beschließen werden sie vorm Angesicht des Tages nicht verbergen.

EGMONT So übersteigt die Frechheit jeden Begriff und Gedanken.

SILVA *nimmt einem dabeistehenden das Urteil ab, entfaltets und liest:* Im Namen des Königs, und Kraft besonderer, von seiner Majestät uns übertragnen Gewalt alle seine Untertanen wes Standes sie seien, zugleich die Ritter des goldnen Vlieses zu richten. Erkennen wir –

EGMONT Kann die der König übertragen?

SILVA Erkennen wir nach vorgängiger genauer gesetzlicher Untersuchung, dich ⌜Heinrichen Grafen Egmont⌝, Prinzen von Gaure des Hochverrates schuldig, und sprechen das Urteil: daß du mit der Frühe des einbrechenden Morgens aus dem Kerker auf den Markt geführt und dort, vorm Angesicht des Volks, zur Warnung aller Verräter mit dem Schwerte vom Leben zum Tod gebracht werden sollest. Gegeben Brüssel am *Datum und Jahrzahl werden undeutlich gelesen, so daß sie der Zuhörer nicht versteht.*

Ferdinand Herzog von Alba
Vorsitzer des ⌜Gerichts der Zwölfer⌝.

Du weißt nun dein Schicksal, es bleibt dir wenige Zeit dich drein zu ergeben, dein Haus zu bestellen und von den Deinigen Abschied zu nehmen.

Silva mit dem Gefolge geht ab, es bleibt Ferdinand und zwei Fackeln. Das Theater ist mäßig erleuchtet.

EGMONT *hat eine Weile in sich versenkt stille gestanden und Silva ohne sich umzusehen abgehn lassen. Er glaubt sich allein und da er die Augen aufhebt erblickt er Albas Sohn:* Du stehst und bleibst? Willst du mein Erstaunen mein Entsetzen noch durch deine Gegenwart vermehren? Willst du noch etwa die willkommne Botschaft deinem Vater bringen daß ich unmännlich verzweifle! Geh! Sag ihm! Sag ihm daß er weder mich noch die Welt belügt. Ihm, dem Ruhmsüchtigen wird man es erst hinter den Schultern leise lispeln, dann laut und lauter sagen und wenn er einst von diesem Gipfel herabsteigt werden tausend Stimmen es ihm entgegen rufen: Nicht das Wohl des Staats, nicht die Würde des Königs, nicht die Ruhe der Provinzen haben ihn hierher gebracht. Um sein selbst willen hat er Krieg geraten, daß der Krieger im Kriege gelte, er hat diese ungeheure Verwirrung erregt damit man seiner bedürfe. Und ich falle ein Opfer seines niedrigen Hasses, seines kleinlichen Neides. Ja ich weiß es und ich darf es sagen, der sterbende, der tödlich verwundete kann es sagen: mich hat der Eingebildete beneidet mich wegzutilgen hat er lang gesonnen und gedacht.

Schon damals als wir noch jünger mit Würfeln spielten, die Haufen Goldes, einer nach dem andern, von seiner Seite zu mir herüber eilten; da stand er grimmig, log Gelassenheit und innerlich verzehrt ihn die Ärgernis mehr über mein Glück als über seinen Verlust. Noch erinnre ich mich des funklenden Blicks, der verrätrischen Blässe als wir an einem öffentlichen Feste vor vielen tausend Menschen um die Wette schossen. Er forderte mich auf und beide Nationen standen, die Spanier die Niederländer, wetteten und wünschten. Ich überwand ihn, seine Kugel irrte, die meine traf, ein lauter

Freudenschrei der Meinigen durchbrach die Luft. Nun trifft mich sein Geschoß. Sag ihm, daß ich's weiß, daß ich ihn kenne, daß die Welt jede Siegszeichen verachtet die ein kleiner Geist erschleichend sich aufrichtet. Und du, wenn einem Sohne möglich ist von der Sitte des Vaters zu weichen, übe beizeiten die Scham indem du dich für den schämst, den du gerne von ganzem Herzen verehren möchtest.

FERDINAND Ich höre dich an ohne dich zu unterbrechen! Deine Vorwürfe lasten wie Keulschläge auf einen Helm, ich fühle die Erschütterung aber ich bin bewaffnet, du triffst mich, du verwundest mich nicht, fühlbar ist mir allein der Schmerz, der mir den Busen zerreißt. Wehe mir! Wehe! Zu einem solchen Anblick bin ich aufgewachsen, zu einem solchen Schauspiele bin ich gesendet!

EGMONT Du brichst in Klagen aus? Was rührt, was bekümmert dich? Ist es eine späte Reue? daß du der schändlichen Verschwörung deinen Dienst geliehen. Du bist so jung und hast ein glückliches Ansehn*. [Aussehen] Du warst so zutraulich, so freundlich gegen mich, so lang ich dich sah war ich mit deinem Vater versöhnt. Und eben so verstellt, verstellter als er lockst du mich in das Netz. Du bist der Abscheuliche! Wer ihm traut mag er es auf seine Gefahr tun, wer fürchtete Gefahr dir zu vertrauen? Geh! Geh! Raube mir nicht die wenigen Augenblicke! Geh daß ich mich sammle, die Welt, und dich zuerst vergesse!

FERDINAND Was soll ich dir sagen? Ich stehe und sehe dich an, und sehe dich nicht und fühle mich nicht. Soll ich mich entschuldigen? Soll ich dich versichern daß ich erst spät, erst ganz zuletzt des Vaters Absichten erfuhr, daß ich als ein gezwungnes, ein lebloses Werkzeug seines Willens handelte. Was fruchtets welche Meinung du von mir haben magst? Du bist verloren und ich unglücklicher stehe nur da um dich's zu versichern, dich zu bejammern.

EGMONT Welche sonderbare Stimme welch ein unerwarteter Trost begegnet mir auf dem Weg zum Grabe. Du, Sohn meines ersten meines fast einzigen Feindes, du bedauerst mich, du bist nicht unter meinen Mördern? Sag? Rede! Für wen soll ich dich halten?

FERDINAND Grausamer Vater! Ja ich erkenne dich in diesem Befehle! Du kanntest mein Herz meine Gesinnung, die du so oft als Erbteil einer zärtlichen Mutter schaltest. Mich dir gleich zu bilden, sandtest du mich hierher. Diesen Mann am Rande des jähnenden* Grabes, in der Gewalt eines willkürlichen Todes zu sehen zwingst du mich, daß ich den tiefsten Schmerz empfinde, daß ich taub gegen alles Schicksal, daß ich unempfindlich werde es geschehe mir was wolle.

gähnenden, sich bedrohlich auftuenden

EGMONT Ich erstaune! Fasse dich! Stehe, rede wie ein Mann.

FERDINAND O daß ich ein Weib wäre! daß man mir sagen könnte: was rührt dich? was ficht* dich an? Sage mir ein größeres ein ungeheureres Übel, mache mich zum Zeugen einer schröcklicheren Tat, ich will dir danken, ich will sagen es war nichts.

bedrückt, bekümmert

EGMONT Du verlierst dich. Wo bist du?

FERDINAND Laß diese Leidenschaft rasen, laß mich losgebunden klagen! Ich will nicht standhaft scheinen wenn alles in mir zusammenbricht. Dich soll ich hier sehn? – dich – es ist entsetzlich! du verstehst mich nicht! Und sollst du mich verstehen? Egmont! Egmont! *ihm um den Hals fallend.*

EGMONT Löse mir das Geheimnis.

FERDINAND Kein Geheimnis.

EGMONT Wie bewegt dich so tief das Schicksal eines fremden Mannes?

FERDINAND Nicht fremd! Du bist mir nicht fremd. Dein Name wars der mir in meiner ersten Jugend gleich einem Stern des Himmels entgegen leuchtete. Wie oft hab ich nach dir gehorcht, gefragt! Des Kindes Hoffnung ist der Jüngling, des Jünglings der Mann. So bist du vor mir her geschritten, immer vor und ohne Neid sah ich dich vor und schritt dir nach und fort und fort. Nun hofft ich endlich dich zu sehen und sah dich und mein Herz flog dir entgegen. Dich hatt' ich mir bestimmt und wählte dich aufs neue da ich dich sah. Nun hofft ich erst mit dir zu sein, mit dir zu leben, dich zu fassen, dich – das ist nun alles weggeschnitten und ich sehe dich hier!

EGMONT Mein Freund, wenn es dir wohl tun kann; so nimm die Versichrung, daß im ersten Augenblicke mein Gemüt dir entgegen kam. Und höre mich, laß uns ein ruhiges Wort untereinander wechseln. Sage mir: ist es der strenge, ernste Wille deines Vaters mich zu töten?

FERDINAND Er ists.

EGMONT ⌜Dieses Urteil wäre nicht ein leeres Schröckbild mich zu ängstigen, durch Furcht und Drohung zu strafen, mich zu erniedrigen, und dann mit königlicher Gnade mich wieder aufzuheben?⌝

FERDINAND Nein ach leider nein! Anfangs schmeichelte ich mir mit dieser ausweichenden Hoffnung, und schon da empfand ich Angst und Schmerz dich in diesem Zustande zu sehen. Nun ist es würklich, ist gewiß. Nein ich regiere mich nicht*. Wer gibt mir eine Hülfe wer einen Rat dem Unvermeidlichen zu entgehen?

ich beherrsche mich nicht; habe keine Macht, dir zu helfen

EGMONT So höre mich! Wenn deine Seele so gewaltsam dringt mich zu retten, wenn du die Übermacht verabscheust die mich gefesselt hält; so rette mich! Die Augenblicke sind kostbar. Du bist des Allgewaltigen Sohn und selbst gewaltig. – Laß uns entfliehen! Ich kenne die Wege, die Mittel können dir nicht unbekannt sein. Nur diese Mauern, nur wenige Meilen entfernen mich von meinen Freunden, löse diese Bande, bringe mich zu ihnen und sei unser. Gewiß der König dankt dir dereinst meine Rettung. Jetzt ist er überrascht und vielleicht ist ihm alles unbekannt. Dein Vater wagt und die Majestät muß das Geschehne billigen wenn sie sich auch dafür entsetzt. Du denkst? O denke mir den Weg der Freiheit aus! Sprich und nähre die Hoffnung der lebendigen Seele.

FERDINAND Schweig! o schweige! Du vermehrst mit jedem Worte meine Verzweiflung. Hier ist kein Ausweg, kein Rat, keine Flucht. – Das quält mich, das greift und faßt mir wie mit Klauen die Brust. Ich habe selbst das Netz zusammen gezogen, ich kenne die strengen festen Knoten, ich weiß wie jeder Kühnheit jeder List die Wege verrennt* sind, ich fühle mich mit dir und mit allen andern gefesselt. Würde ich klagen hätte ich nicht alles versucht? Zu seinen Füßen habe ich gelegen, geredet und gebeten. Er schickte mich hier her um alles was von Lebenslust und Freude mit mir lebt in diesem Augenblicke zu zerstören.

versperrt

EGMONT Und keine Rettung?

FERDINAND Keine!

EGMONT *mit dem Fuße stampfend:* Keine Rettung! – – Süßes Leben! schöne freundliche Gewohnheit des Daseins und Würkens, von dir soll ich scheiden? So gelassen scheiden! Nicht im Tumulte der Schlacht, unter dem Geräusch der Waffen, in der Zerstreuung des Getümmels gibst du mir ein flüchtiges Lebewohl, du nimmst keinen eiligen Abschied, verkürzest nicht den Augenblick der Trennung. Ich soll deine Hand fassen, dir noch einmal in die Augen sehn, deine Schöne, deinen Wert recht lebhaft fühlen und dann mich entschlossen losreißen und sagen: Fahre hin.

FERDINAND Und ich soll darneben stehn, zusehn, dich nicht halten, nicht hindern können! O welche Stimme reichte zur Klage? Welches Herz flösse nicht aus seinen Banden für diesem Jammer.

EGMONT Fasse dich!

FERDINAND Du kannst dich fassen, du kannst entsagen, den schweren Schritt an der Hand der Notwendigkeit Heldenmäßig gehn. Was kann ich? Was soll ich? Du überwindest dich selbst und uns, du überstehst, ich überlebe dich und mich selbst. Bei der Freude des Mahls hab ich mein Licht, im Getümmel der Schlacht meine Fahne verloren. Schal, verworren, trüb scheint mir die Zukunft.

EGMONT Junger Freund, den ich durch ein sonderbares Schicksal zugleich gewinne und verliere, der für mich die Todesschmerzen empfindet, für mich leidet, sieh mich in diesen Augenblicken an, du verlierst mich nicht. War dir mein Leben ein Spiegel in welchem du dich gerne betrachtetest, so sei es auch mein Tod. Die Menschen sind nicht nur zusammen, wenn sie beisammen sind, auch der Entfernte, der Abgeschiedne lebt uns. Ich lebe dir, und habe mir genug gelebt. Eines jeden Tages hab ich mich gefreut, an jedem Tage mit rascher Würkung meine Pflicht getan wie mein Gewissen mir sie zeigte. Nun endigt sich das Leben wie es sich früher früher, schon auf dem Sande von Gravelingen hätte endigen können, ich höre auf zu leben, aber ich habe gelebt, so leb auch du mein Freund gern und mit Lust und scheue den Tod nicht.

FERDINAND Du hättest dich für uns erhalten können, sollen. Du hast dich selber getötet. Oft hört ich wenn kluge Männer über dich sprachen, feindselige, wohlwollende, sie stritten lang über deinen Wert, doch endlich vereinigten sie sich, keiner wagt' es zu leugnen jeder gestand: ja er wandelt einen gefährlichen Weg. Wie oft wünscht ich dich warnen zu können! Hattest du denn keine Freunde?

EGMONT Ich war gewarnt.

FERDINAND Und wie ich Punktweis alle diese Beschuldigungen wieder in der Anklage fand und deine Antworten! Gut genug dich zu entschuldigen, nicht triftig genug dich von der Schuld zu befreien –

EGMONT Dies sei Beiseite gelegt. Es glaubt der Mensch sein Leben zu leiten, sich selbst zu führen und sein Innerstes wird unwiderstehlich nach seinem Schicksale gezogen. Laß uns darüber nicht sinnen, dieser Gedanken entschlag ich mich leicht. Schwerer der Sorge für dieses Land, doch auch dafür wird gesorgt sein. Kann mein Blut für viele fließen, meinem Volk Friede bringen, so fließt es willig. Leider wirds nicht so werden. Doch es ziemt dem Menschen nicht mehr zu grüblen wo er nicht mehr würken soll. Kannst du die verderbende Gewalt deines Vaters aufhalten, lenken; so tus. Wer wird das können? – Lebwohl.

FERDINAND Ich kann nicht gehn.

EGMONT Laß meine Leute dir aufs beste empfohlen sein! Ich habe gute Menschen zu Dienern, daß sie nicht zerstreut nicht unglücklich werden. Wie steht es um ⌜Richard meinen Schreiber⌝?

FERDINAND Er ist dir vorangegangen. Sie haben ihn als Mitschuldigen des Hochverrats enthauptet.

EGMONT Arme Seele. – Noch eins, und dann leb wohl, ich kann nicht mehr. Was auch den Geist gewaltsam beschäftigt fördert die Natur zuletzt unwiderstehlich ihre Rechte und wie ein Kind umwunden von der Schlange des erquickenden Schlafs genießt; so legt der Müde sich noch einmal vor der Pforte des Todes nieder und ruht tief aus, als ob er einen weiten Weg zu wandern hätte. – Noch eins – Ich kenn ein Mädchen, du wirst sie nicht verachten weil sie mein war. Nun ich sie dir empfehle sterb ich ruhig. Du bist ein edler Mann, ein Weib das den findet ist geborgen. Lebt mein alter Adolph? ist er frei.

FERDINAND Der muntre Greis, der Euch zu Pferde immer begleitete?

EGMONT Derselbe.

FERDINAND Er lebt, er ist frei.

EGMONT Er weiß ihre Wohnung, laß dich von ihm führen und lohn ihm bis an sein Ende daß er dir den Weg zu diesem Kleinod* zeigt – Leb wohl.

Kostbarkeit, Schmuckstück; gemeint ist: Clärchen

FERDINAND Ich gehe nicht.

EGMONT *ihn nach der Türe drängend:* Leb wohl.

FERDINAND O laß mich noch!

EGMONT Freund keinen Abschied.

Er begleitet Ferdinanden bis an die Türe und reißt sich dort von ihm los, Ferdinand betäubt entfernt sich eilend.

EGMONT *allein:* Feindseliger Mann! Du glaubtest mir diese Wohltat nicht durch deinen Sohn zu erzeigen. Durch ihn bin ich der Sorgen los, und der Schmerzen, der Furcht und jedes ängstlichen Gefühls. Sanft und dringend fordert die Natur ihren letzten Zoll*. Es ist vorbei, es ist beschlossen und was die letzte Nacht mich ungewiß auf meinem Lager wachend hielt, das schläfert nun mit unbezwinglicher Gewißheit meine Sinnen ein.

Tribut, Abgabe; hier: Schlafbedürfnis

Er setzt sich aufs Ruhebett. Musik.

Süßer Schlaf! Du kommst wie ein reines Glück ohngebeten, ohnerfleht am willigsten. Du lösest die Knoten der strengen Gedanken, vermischest alle Bilder der Freude und des Schmerzens, ungehindert fließt der Kreis innerer Harmonien, und eingehüllt in gefälligen Wahnsinn*, versinken wir und hören auf zu sein.

Träume, Traumphantasien

Er entschläft, die Musik begleitet seinen Schlummer, hinter seinem Lager scheint sich die Mauer zu eröffnen, eine glänzende Erscheinung zeigt sich. Die Freiheit in Himmlischem Gewand von einer Klarheit umflossen ruht auf einer Wolke. Sie hat die Züge von Clärchen und neigt sich gegen den schlafenden Helden. Sie druckt eine bedaurende Empfindung aus, sie scheint ihn zu beklagen. Bald faßt sie sich, und mit aufmunternder Gebärde zeigt sie ihm das Bündel Pfeile, dann den Stab mit dem Hute. Sie heißt ihn froh sein und indem sie ihm bedeutet*

Symbole des niederl. Freiheitskampfes

daß sein Tod den Provinzen die Freiheit verschaffen werde, erkennt sie ihn als Sieger und reicht ihm einen Lorbeerkranz. Wie sie sich mit dem Kranze dem Haupte naht macht Egmont eine Bewegung wie eines der sich im Schlafe rührt, dergestalt daß er mit dem Gesichte aufwärts gegen sie zu liegen kommt. Sie hält den Kranz über seinem Haupte schwebend, man hört ganz von weiten eine kriegrische Musik von Trommeln und Pfeifen, bei dem leisesten Laut derselben verschwindet die Erscheinung. Der Schall wird stärker, Egmont erwacht, das Gefängnis wird vom Morgen mäßig erhellt. Seine erste Bewegung ist nach dem Haupte zu greifen, er steht auf und sieht sich um, indem er die Hand auf dem Haupte behält.

Verschwunden ist der Kranz! Du schönes Bild das Licht des Tages hat dich verscheucht! Ja sie waren's, sie waren vereint die beiden süßten Freuden meines Herzens. Die göttliche Freiheit, von meiner Geliebten borgte sie die Gestalt, das reizende Mädchen kleidete sich in der Freundin himmlisches Gewand. In einem ernsten Augenblick erscheinen sie vereinigt, ernster als lieblich. Mit blutbefleckten Sohlen trat sie vor mir auf, die wehenden Falten des Saumes mit Blut befleckt. Es war mein Blut und vieler Edlen Blut. Nein es ward nicht umsonst vergossen. Schreitet durch! Braves Volk! Die Siegesgöttin führt dich an! Und wie das Meer durch eure Dämme bricht; so brecht, so reißt den Wall der Tyrannei zusammen und schwemmt ersäufend sie von ihrem Grunde, den sie sich anmaßt hinweg.

Trommeln näher.

Horch! Horch! Wie oft rief mich dieser Schall zum freien Schritt nach dem Felde des Streits und des Siegs! Wie munter traten die Gefährten auf der gefährlichen rühmlichen Bahn. Auch ich schreite einem ehrenvollen Tode aus diesem Kerker entgegen, ich sterbe für die Freiheit für die ich lebte und focht, und der ich mich jetzt leidend opfre.

Der Hintergrund wird mit einer Reihe Spanischer Soldaten besetzt welche Halparten tragen.*

Hellebarden

Ja führt sie nur zusammen! Schließt eure Reihen, ihr schreckt mich nicht. Ich bin gewohnt vor Speeren gegen Speere zu stehen und rings umgeben von dem drohenden Tod das mutige Leben nur doppelt rasch zu fühlen.

Trommeln.

Dich schließt der Feind von allen Seiten ein! Es blinken Schwerter, Freunde höhern Mut! im Rücken habt ihr Eltern, Weiber, Kinder!

auf die Wache zeigend:

und diese treibt ein hohles Wort des Herrschers nicht ihr Gemüt. Schützt eure Güter! Und euer Liebstes zu erretten, fallt freudig wie ich euch ein Beispiel gebe.

Trommeln. Wie er auf die Wache los und auf die Hintertüre zu geht fällt der Vorhang, die Musik fällt ein und ⌜schließt mit einer Siegessymphonie das Stück⌝.

Anhang

Die ungeheure Wucht, mit der Schiller Goethes Trauerspiel Egmont *in der* Jenaischen Allgemeinen Literaturzeitung *vom 20. September 1788 rezensierte, beeinflusste nicht nur die zeitgenössische Rezeption des Werkes, sondern auch die literaturwissenschaftliche Auseinandersetzung mit ihm über die Jahrtausendwende hinaus. Schillers Kritik avanciert damit gleichermaßen zu einer Konstanten in der* Egmont-*Forschung und zu einem herausragenden Dokument der Geschichte der institutionalisierten Literaturkritik seit Lessing und Nicolai. Der überragende Beitrag des späteren Goethe-Freundes wird deshalb hier wiedergegeben.*

Friedrich Schiller
Über Egmont, Trauerspiel von Goethe

Leipzig, bei Göschen: Goethes Schriften. Fünfter Band. 388 S. 8°

Dieser fünfte Band der G. Schriften, der durch eine Vignette und Titelkupfer, von der Ang. Kaufmann gezeichnet und von Lips in Rom gestochen, verschönert wird, enthält außer einem ganz neuen Stück, Egmont, die zwei schon längst bekannten Singspiele Claudine von Villa Bella und Erwin und Elmire, beide nunmehr in Jamben und durchaus sehr verändert. Ihre Beurteilung versparen wir, bis die ganze Ausgabe vollendet sein wird, und verweilen uns jetzt bloß bei dem Trauerspiele Egmont, das auch besonders zu haben ist, als einer ganz neuen Erscheinung.
Entweder es sind außerordentliche Handlungen und Situationen, oder es sind Leidenschaften, oder es sind Charaktere, die dem tragischen Dichter zum Stoff dienen; und wenn gleich oft alle diese drei, als Ursach und

Wirkung, in Einem Stücke sich beisammen finden, so ist doch immer das eine oder das andere vorzugsweise der letzte Zweck der Schilderung gewesen. Ist die Begebenheit oder Situation das Hauptaugenmerk des Dichters, so braucht er sich nur insofern in die Leidenschaft- und Charakterschilderung einzulassen, als er jene durch diese herbei führt. Ist hingegen die Leidenschaft sein Hauptzweck, so ist ihm oft die unscheinbarste Handlung schon genug, wenn sie jene nur ins Spiel setzt. Ein am unrechten Orte gefundenes Schnupftuch veranlaßt eine Meisterszene im Mohren von Venedig. Ist endlich der Charakter sein vorzüglicheres Augenmerk, so ist er in der Wahl und Verknüpfung der Begebenheiten noch viel weniger gebunden, und die ausführliche Darstellung des ganzen Menschen verbietet ihm sogar, Einer Leidenschaft zu viel Raum zu geben. Die alten Tragiker haben sich beinahe einzig auf Situationen und Leidenschaften eingeschränkt. Darum findet man bei ihnen auch nur wenig Individualität, Ausführlichkeit und Schärfe der Charakteristik. Erst in neuern Zeiten, und in diesen erst seit Shakespeare, wurde die Tragödie mit der dritten Gattung bereichert; er war der erste, der in seinem Macbeth, Richard III. u. s. w. ganze Menschen und Menschenleben auf die Bühne brachte, und in Deutschland gab uns der Verfasser des Götz von Berlichingen das erste Muster in dieser Gattung. Es ist hier nicht der Ort zu untersuchen, wie viel oder wie wenig sich diese neue Gattung mit dem letzten Zwecke der Tragödie, Furcht und Mitleid zu erregen, verträgt; genug, sie ist einmal vorhanden, und ihre Regeln sind bestimmt.

Zu dieser letzten Gattung nun gehört das vorliegende Stück, und es ist leicht einzusehen, inwiefern die vorangeschickte Erinnerung mit demselben zusammenhängt. Hier ist keine hervorstechende Begebenheit, keine vorwaltende Leidenschaft, keine Verwickelung, kein dramatischer Plan, nichts von dem allem; – eine bloße Aneinanderstellung mehrerer einzelner Handlungen und Gemälde, die beinahe durch nichts als durch den Charakter zusammengehalten werden, der an allen Anteil nimmt, und auf den sich alle beziehen. Die Einheit dieses Stücks liegt also weder in den Situationen noch in irgend einer Leidenschaft, sondern sie liegt in dem Menschen. Egmonts wahre Geschichte konnte dem Verf. auch nicht viel mehreres liefern. Seine Gefangennehmung und Verurteilung hat nichts Außerordentliches, und sie selbst ist auch nicht die Folge irgend einer einzelnen interessanten Handlung, sondern vieler kleinern, die der Dichter alle nicht brauchen konnte, wie er sie fand, die er mit der Katastrophe auch nicht so genau zusammenknüpfen konnte, daß sie eine dramatische Handlung mit ihr ausmachten. Wollte er also diesen Gegenstand in einem Trauerspiel behandeln, so hatte er die Wahl, entweder eine ganz neue Handlung zu dieser Katastrophe zu erfinden, diesem Charakter, den er in der Geschichte vorfand, irgend eine herrschende Leidenschaft unterzulegen oder ganz und gar auf diese zwo Gattungen der Tragödie Verzicht zu tun und den Charakter selbst, von dem er hingerissen war, zu seinem eigentlichen Vorwurf zu machen. Und dieses letztere, das Schwerere unstreitig, hat er vorgezogen, weniger vermutlich aus zu großer Achtung für die historische Wahrheit, als weil er die Armut seines Stoffs durch den Reichtum seines Genies ersetzen zu können fühlte.

In diesem Trauerspiel also – oder Rez. müßte sich ganz in dem Gesichtspunkte geirret haben – wird ein Charakter aufgeführt, der in einem bedenklichen Zeitlauf, umgeben von den Schlingen einer arglistigen Politik, in nichts als sein Verdienst eingehüllt, voll übertriebenen Vertrauens zu seiner gerechten Sache, die es aber nur für ihn allein ist, gefährlich wie ein Nachtwanderer auf jäher Dachspitze wandelt. Diese übergroße Zuversicht, von deren Ungrund wir unterrichtet werden, und der unglückliche Ausschlag der-

selben sollen uns Furcht und Mitleiden einflößen oder uns tragisch rühren – und diese Wirkung wird erreicht.
In der Geschichte ist Egmont kein großer Charakter, er ist es auch in dem Trauerspiele nicht. Hier ist er ein wohlwollender, heiterer und offener Mensch, Freund mit der ganzen Welt, voll leichtsinnigen Vertrauens zu sich selbst und zu andern, frei und kühn, als ob die Welt ihm gehörte, brav und unerschrocken, wo es gilt, dabei großmütig, liebenswürdig und sanft, im Charakter der schöneren Ritterzeit, prächtig und etwas Prahler, sinnlich und verliebt, ein fröhliches Weltkind – alle diese Eigenschaften in eine lebendige, menschliche, durchaus wahre und individuelle Schilderung verschmolzen, die der verschönernden Kunst nichts, auch gar nichts zu danken hat. Egmont ist ein Held, aber auch ganz nur ein flämischer Held, ein Held des sechzehnten Jahrhunderts; Patriot, jedoch ohne sich durch das allgemeine Elend in seinen Freuden stören zu lassen; Liebhaber, ohne darum weniger Essen und Trinken zu lieben. Er hat Ehrgeiz, er strebt nach einem großen Ziele, aber das hält ihn nicht ab, jede Blume aufzulesen, die er auf seinem Wege findet, hindert ihn nicht, des Nachts zu seinem Liebchen zu schleichen, das kostet ihm keine schlaflosen Nächte. Tolldreist wagt er bei St. Quentin und Gravelingen sein Leben, aber er möchte weinen, wenn er von dieser freundlichen süßen Gewohnheit des Daseins und Wirkens scheiden soll. »Leb ich nur,« so schildert er sich selbst, »um aufs Leben zu denken? Soll ich den gegenwärtigen Augenblick nicht genießen, damit ich des folgenden gewiß sei? Und diesen wieder mit Sorgen und Grillen verzehren? – Wir haben die und jene Torheit in einem lustigen Augenblick empfangen und geboren, sind schuld, daß eine ganze edle Schar mit Bettelsäcken und mit einem selbstgewählten Unnamen dem König seine Pflicht mit spottender Demut ins Gedächtnis rief, sind schuld – was ists nun weiter? Ist ein Fastnachtsspiel gleich Hochverrat? Sind uns die kurzen

bunten Lumpen zu mißgönnen, die ein jugendlicher Mut um unsers Lebens arme Blöße hängen mag? Wenn ihr das Leben gar zu ernsthaft nehmt, was ist denn dran? Scheint mir die Sonne heut, um das zu überlegen, was gestern war?« – Durch seine schöne Humanität, nicht durch Außerordentlichkeit, soll dieser Charakter uns rühren; wir sollen ihn lieb gewinnen, nicht über ihn erstaunen. Diesem letztern scheint der Dichter so sorgfältig aus dem Wege gegangen zu sein, daß er ihm eine Menschlichkeit über die andere beilegt, um ja seinen Helden zu uns herabzuziehen, – daß er ihm endlich nicht einmal so viel Größe und Ernst mehr übrig läßt, als unsrer Meinung nach unumgänglich erfordert wird, diesen Menschlichkeiten selbst das höchste Interesse zu verschaffen. Wahr ist es, solche Züge menschlicher Schwachheit ziehen oft unwiderstehlich an – in einem Heldengemälde, wo sie mit großen Handlungen in schöner Mischung zerfließen. Heinrich IV. von Frankreich kann uns nach dem glänzendsten Siege nicht interessanter sein als auf einer nächtlichen Wanderung zu seiner Gabriele; aber durch welche strahlende Tat, durch was für gründliche Verdienste hat sich Egmont bei uns das Recht auf eine ähnliche Teilnahme und Nachsicht erworben? Zwar heißt es, diese Verdienste werden als schon geschehen vorausgesetzt, sie leben im Gedächtnis der ganzen Nation, und alles, was er spricht, atmet den Willen und die Fähigkeit, sie zu erwerben. Richtig! Aber das ist eben das Unglück, daß wir seine Verdienste von Hörensagen wissen und auf Treu und Glauben anzunehmen gezwungen werden, – seine Schwachheiten hingegen mit unsern Augen sehen. Alles weiset auf diesen Egmont hin, als auf die letzte Stütze der Nation, und was tut er eigentlich Großes, um dieses ehrenvolle Vertrauen zu verdienen? (denn folgende Stelle darf man doch wohl nicht dagegen anführen: »Die Leute«, sagt Egmont, »erhalten sie (die Liebe) auch meist allein, die nicht darnach jagen.« Klärchen.

»Hast du diese stolze Anmerkung über dich selbst gemacht? du, den alles Volk liebt?« Egmont. »Hätte ich nur etwas für sie getan! Es ist ihr guter Wille, mich zu lieben.«) Ein großer Mann soll er nicht sein, aber auch erschlaffen soll er nicht; eine relative Größe, einen gewissen Ernst verlangen wir mit Recht von jedem Helden eines Stückes; wir verlangen, daß er über dem Kleinen nicht das Große hintansetze, daß er die Zeiten nicht verwechsele. Wer wird z. B. folgendes billigen? Oranien ist eben von ihm gegangen; Oranien, der ihn mit allen Gründen der Vernunft auf sein nahes Verderben hingewiesen, der ihn, wie uns Egmont selbst gesteht, durch diese Gründe erschüttert hat. »Dieser Mann,« sagt er, »trägt seine Sorglichkeit in mich herüber: – Weg – das ist ein fremder Tropfen in meinem Blute. Gute Natur, wirf ihn wieder heraus! Und von meiner Stirne die sinnenden Runzeln wegzubaden, gibt es ja wohl noch ein freundlich Mittel.« Dieses freundliche Mittel nun – wer es noch nicht weiß – ist kein andres als ein Besuch beim Liebchen! Wie? Nach einer so ernsten Aufforderung keinen andern Gedanken als nach Zerstreuung? Nein, guter Graf Egmont! Runzeln, wo sie hingehören, und freundliche Mittel, wo sie hingehören! Wenn es Euch zu beschwerlich ist, Euch Eurer eignen Rettung anzunehmen, so mögt Ihrs haben, wenn sich die Schlinge über Euch zusammenzieht. Wir sind nicht gewohnt, unser Mitleid zu verschenken.

Hätte also die Einmischung dieser Liebesangelegenheit dem Interesse wirklich Schaden getan, so wäre dieses doppelt zu beklagen, da der Dichter noch obendrein der historischen Wahrheit Gewalt antun mußte, um sie hervorzubringen. In der Geschichte nämlich war Egmont verheiratet und hinterließ neun (andere sagen eilf) Kinder, als er starb. Diesen Umstand konnte der Dichter wissen und nicht wissen, wie es sein Interesse mit sich brachte; aber er hätte ihn nicht vernachlässigen sollen, sobald er Handlungen, welche natürliche Folgen waren, in sein Trauerspiel aufnahm. Der wahre Egmont hatte durch eine prächtige Lebensart sein Vermögen äußerst in Unordnung gebracht und brauchte also den König, wodurch seine Schritte in der Republik sehr gebunden wurden. Besonders aber war es seine Familie, was ihn auf eine so unglückliche Art in Brüssel zurückhielt, da fast alle seine übrigen Freunde sich durch die Flucht retteten. Seine Entfernung aus dem Lande hätte ihm nicht bloß die reichen Einkünfte von zwo Statthalterschaften gekostet; sie hätte ihn auch zugleich um den Besitz aller seiner Güter gebracht, die in den Staaten des Königs lagen und sogleich dem Fiskus anheim gefallen sein würden. Aber weder er selbst, noch seine Gemahlin, eine Herzogin von Bayern, waren gewohnt, Mangel zu ertragen; auch seine Kinder waren nicht dazu erzogen. Diese Gründe setzte er selbst bei mehreren Gelegenheiten dem Pr. v. O., der ihn zur Flucht bereden wollte, auf eine rührende Art entgegen; diese Gründe waren es, die ihn so geneigt machten, sich an dem schwächsten Aste von Hoffnung zu halten und sein Verhältnis zum König von der besten Seite zu nehmen. Wie zusammenhängend, wie menschlich wird nunmehr sein ganzes Verhalten! Er wird nicht mehr das Opfer einer blinden törichten Zuversicht, sondern der übertrieben ängstlichen Zärtlichkeit für die Seinigen. Weil er zu fein und zu edel denkt, um einer Familie, die er über alles liebt, ein hartes Opfer zuzumuten, stürzt er sich selbst ins Verderben. Und nun der Egmont im Trauerspiel! – Indem der Dichter ihm Gemahlin und Kinder nimmt, zerstört er den ganzen Zusammenhang seines Verhaltens. Er ist ganz gezwungen, dieses unglückliche Bleiben aus einem leichtsinnigen Selbstvertrauen entspringen zu lassen, und verringert dadurch gar sehr unsre Achtung für den Verstand seines Helden, ohne ihm diesen Verlust von Seiten des Herzens zu ersetzen. Im Gegenteil – er bringt uns um das rührende Bild eines Vaters, eines liebenden Gemahls, –

um uns einen Liebhaber von ganz gewöhnlichem Schlag dafür zu geben, der die Ruhe eines liebenswürdigen Mädchens, das ihn nie besitzen und noch weniger seinen Verlust überleben wird, zu Grund richtet, dessen Herz er nicht einmal besitzen kann, ohne eine Liebe, die glücklich hätte werden können, vorher zu zerstören, der also, mit dem besten Herzen zwar, zwei Geschöpfe unglücklich macht, um die sinnenden Runzeln von seiner Stirne wegzubaden. Und alles dieses kann er noch außerdem erst nur auf Unkosten der historischen Wahrheit möglich machen, die der dramatische Dichter allerdings hintansetzen darf, um das Interesse seines Gegenstandes zu erheben, aber nicht, um es zu schwächen. Wie teuer läßt er uns also diese Episode bezahlen, die, an sich betrachtet, gewiß eines der schönsten Gemälde ist, die in einer größern Komposition, wo sie von verhältnismäßig großen Handlungen aufgewogen würde, von der höchsten Wirkung würde gewesen sein.

Egmonts tragische Katastrophe fließt aus seinem politischen Leben, aus seinem Verhältnis zu der Nation und zu der Regierung. Eine Darstellung des damaligen politisch-bürgerlichen Zustandes der Niederlande mußte daher seiner Schilderung zum Grund liegen, oder vielmehr selbst einen Teil der dramatischen Handlung mit ausmachen. Betrachtet man nun, wie wenig sich Staatsaktionen überhaupt dramatisch behandeln lassen, und was für Kunst dazu gehöre, so viele zerstreute Züge in Ein faßliches, lebendiges Bild zusammenzutragen und das Allgemeine wieder im Individuellen anschaulich zu machen, wie z.B. Shakespeare in seinem J. Cäsar getan hat; betrachtet man ferner das Eigentümliche der Niederlande, die nicht Eine Nation, sondern ein Aggregat mehrerer kleinen sind, die unter sich aufs schärfste kontrastieren, sodaß es unendlich leichter war, uns nach Rom als nach Brüssel zu versetzen; betrachtet man endlich, wie unzählig viele kleine

Dinge zusammenwirkten, um den Geist jener Zeit und jenen politischen Zustand der Niederlande hervorzubringen: so wird man nicht aufhören können, das schöpferische Genie zu bewundern, das alle diese Schwierigkeiten besiegt und uns mit einer Kunst, die nur von derjenigen erreicht wird, womit es uns selbst in zwei andern Stücken in die Ritterzeiten Deutschlands und nach Griechenland versetzte, nun auch in diese Welt gezaubert hat. Nicht genug, daß wir diese Menschen vor uns leben und wirken sehen, wir wohnen unter ihnen, wir sind alte Bekannte von ihnen. Auf der einen Seite die fröhliche Geselligkeit, die Gastfreundlichkeit, die Redseligkeit, die Großtuerei dieses Volks, der republikanische Geist, der bei der geringsten Neuerung aufwallt und sich oft eben so schnell auf die seichtesten Gründe wieder gibt; auf der andern die Lasten, unter denen es jetzt seufzt, von den neuen Bischofsmützen an bis auf die französischen Psalmen, die es nicht singen soll; – nichts ist vergessen, nichts ohne die höchste Natur und Wahrheit herbeigeführt. Wir sehen hier nicht bloß den gemeinen Haufen, der sich überall gleich ist, wir erkennen darin den Niederländer und zwar den Niederländer dieses und keines andern Jahrhunderts; in diesem unterscheiden wir noch den Brüssler, den Holländer, den Friesen, und selbst unter diesen noch den Wohlhabenden und den Bettler, den Zimmermeister und den Schneider. So etwas läßt sich nicht wollen, nicht erzwingen durch Kunst. – Das kann nur der Dichter, der von seinem Gegenstand ganz durchdrungen ist. Diese Züge entwischen ihm, wie sie demjenigen, den er dadurch schildert, entwischen, ohne daß er es will oder gewahr wird; ein Beiwort, ein Komma zeichnet einen Charakter. Buyck, ein Holländer und Soldat unter Egmont, hat beim Armbrustschießen das Beste gewonnen und will, als König, die Herren gastieren. Das ist aber wider den Gebrauch.

»BUYCK. Ich bin fremd und König und achte eure Gesetze und Herkommen nicht.

JETTER *ein Schneider aus Brüssel.* Du bist ja ärger als der Spanier, der hat sie uns doch bisher lassen müssen.

RUYSUM *ein Friesländer.* Laßt ihn! doch ohne Präjudiz! Das ist auch seines Herren Art, splendid zu sein und es laufen zu lassen, wo es gedeiht!«

Wer glaubt nicht, in diesem doch ohne Präjudiz den zähen, auf seine Vorrechte wachsamen Friesen zu erkennen, der sich auch bei der kleinsten Bewilligung noch durch eine Klausel verwahrt. Wie wahr, wenn sich die Bürger von ihren Regenten unterreden: –

»Das war ein Herr! (Von Karl V. spricht er) Er hatte die Hand über den ganzen Erdboden und war euch alles in allem – und wenn er euch begegnete, so grüßt er euch, wie ein Nachbar den andern u. s. f. – Haben wir doch alle geweint, wie er seinem Sohn das Regiment hier abtrat – sagt ich, versteht mich – der ist schon anders, der ist majestätischer.

JETTER Er spricht wenig, sagen die Leute.

SOEST. Er ist kein Herr für uns Niederländer. Unsere Fürsten müssen froh und frei sein wie wir, leben und leben lassen« u. s. w.

Wie treffend schildert er uns durch einen einzigen Zug das Elend jener Zeiten: Egmont geht über die Straße, und die Bürger sehen ihm mit Bewunderung nach.

»ZIMMERMEISTER. Ein schöner Herr!

JETTER. Sein Hals wäre ein rechtes Fressen für einen Scharfrichter.«

Die wenigen Szenen, wo sich die Bürger von Brüssel unterreden, scheinen uns das Resultat eines tiefen Studiums jener Zeiten und jenes Volks zu sein, und schwerlich findet man in so wenigen Worten ein schöneres historisches Denkmal für jene Geschichte.

Mit nicht geringerer Wahrheit ist derjenige Teil des Gemäldes behandelt, der uns von dem Geiste der Regierung und den Anstalten des Königs zu Unterdrückung des nie-

derländischen Volks unterrichtet. Milder und menschlicher ist doch hier alles, und sehr veredelt ist besonders der Charakter der Herzogin von Parma. »Ich weiß, daß einer ein ehrlicher und verständiger Mann sein kann, wenn er gleich den nächsten und besten Weg zum Heil seiner Seele verfehlt hat« konnte eine Zöglingin des Ignatius Loyola wohl nicht sagen. Besonders gut verstand es der Dichter, durch eine gewisse Weiblichkeit, die er aus ihrem sonst männischen Charakter sehr glücklich hervorscheinen läßt, das kalte Staatsinteresse, dessen Exposition er ihr anvertrauen mußte, mit Licht und Wärme zu beseelen und ihm eine gewisse Individualität und Lebendigkeit zu geben. Vor seinem Herzog von Alba zittern wir, ohne uns mit Abscheu von ihm wegzukehren; es ist ein fester, starrer, unzugänglicher Charakter, »ein eherner Turm ohne Pforte, wozu die Besatzung Flügel haben muß«. Die kluge Vorsicht, womit er die Anstalten zu Egmonts Verhaftung trifft, ersetzt ihm an unsrer Bewunderung, was ihm an unserm Wohlwollen abgeht. Die Art, wie er uns in seine innerste Seele hineinführt und uns auf den Ausgang seines Unternehmens spannt, macht uns auf einen Augenblick zu Teilhabern desselben, wir interessieren uns dafür, als gält es etwas, das uns lieb ist.
Meisterhaft erfunden und ausgeführt ist die Szene Egmonts mit dem jungen Alba im Gefängnis, und sie gehört dem Verf. ganz allein. Was kann rührender sein, als wenn ihm dieser Sohn seines Mörders die Achtung bekennt, die er längst im stillen gegen ihn getragen. »Dein Name wars, der mir in meiner ersten Jugend gleich einem Stern des Himmels entgegenleuchtete. Wie oft hab ich nach dir gehorcht, gefragt! Des Kindes Hoffnung ist der Jüngling, des Jünglings der Mann. So bist du vor mir hergeschritten, immer vor, und ohne Neid sah ich dich vor und schritt dir nach und fort und fort. Nun hofft ich endlich dich zu sehen und sah dich, und mein Herz flog dir entgegen. Nun hofft ich

erst mit dir zu sein, mit dir zu leben, dich zu fassen, dich – Das ist nun alles weggeschnitten, und ich sehe dich hier!« – Und wenn ihm Egmont darauf antwortet: »War dir mein Leben ein Spiegel, in welchem du dich gern betrachtetest, so sei es auch mein Tod. Die Menschen sind nicht bloß zusammen, wenn sie beisammen sind, auch der Entfernte, der Abgeschiedene lebt uns. Ich lebe dir und habe mir genug gelebt. Eines jeden Tages hab ich mich gefreut« u. s. f. – Die übrigen Charaktere im Stück sind mit wenigem treffend gezeichnet; eine einzige Szene schildert uns den schlauen, wortkargen, alles verknüpfenden und alles fürchtenden Oranien. Alba sowohl als Egmont malen sich in den Menschen, die ihnen nahe sind; diese Schilderungsart ist vortrefflich. Um alles Licht auf den einzigen Egmont zu versammeln, hat der Dichter ihn ganz isoliert, darum auch der Graf von Hoorne, der Ein Schicksal mit ihm hatte, weggeblieben ist. Ein ganz neuer Charakter ist Brackenburg, Klärchens Liebhaber, den Egmont verdrängt hat. Dieses Gemälde des melancholischen Temperaments mit leidenschaftlicher Liebe wäre einer eigenen Auseinandersetzung wert. Klärchen, die ihn für Egmont aufgegeben, hat Gift genommen und geht ab, nachdem sie ihm den Rest zurückgelassen. Er sieht sich allein. Wie schrecklich schön ist diese Schilderung: »Sie läßt mich stehn, mir selber überlassen. Sie teilt mit mir den Todestropfen und schickt mich weg! von ihrer Seite weg! Sie zieht mich an, und stößt ins Leben mich zurück. O Egmont, welch preiswürdig Los fällt dir! Sie geht voran; sie bringt den ganzen Himmel dir entgegen! Und soll ich folgen? wieder seitwärts stehn? den unauslöschlichen Neid in jene Wohnungen hinübertragen? Auf Erden ist kein Bleiben mehr für mich, und Höll und Himmel bieten gleiche Qual.« – Klärchen selbst ist unnachahmlich schön und wahr gezeichnet. Auch im höchsten Adel ihrer Unschuld noch das gemeine Bürgermädchen, und ein Niederländisches Mädchen – durch nichts veredelt als durch ihre Liebe, reizend im Zustand der Ruhe, hinreißend und herrlich im Zustand des Affekts. Aber wer zweifelt, daß der Verf. in einer Manier unübertrefflich sei, worin er sein eigenes Muster ist!

Je höher die Illusion in dem Stück getrieben ist, desto unbegreiflicher wird man es finden, daß der Verf. selbst sie mutwillig zerstört. Egmont hat alle seine Angelegenheiten berichtigt und schlummert endlich, von Müdigkeit überwältigt, ein. Eine Musik läßt sich hören, und hinter seinem Lager scheint sich die Mauer aufzutun, eine glänzende Erscheinung, die Freiheit, in Klärchens Gestalt, zeigt sich in einer Wolke. – Kurz, mitten aus der wahrsten und rührendsten Situation werden wir durch einen Salto mortale in eine Opernwelt versetzt, um einen Traum – zu sehen. Lächerlich würde es sein, dem Vf. dartun zu wollen, wie sehr er sich dadurch an Natur und Wahrheit versündigt habe; das hat er so gut und besser gewußt als wir; aber ihm schien die Idee, Klärchen und die Freiheit, Egmonts beide herrschende Gefühle, in Egmonts Kopf allegorisch zu verbinden, sinnreich genug, um diese Freiheit allenfalls zu entschuldigen. Gefalle dieser Gedanke, wem er will – Rez. gesteht, daß er gern einen witzigen Einfall entbehrt hätte, um eine Empfindung ungestört zu genießen.

[Schiller, Friedrich: »Über Egmont, Trauerspiel von Goethe. Leipzig, bei Göschen: *Goethes Schriften.* Fünfter Band. 388 S. 8°«, in: *Schillers Werke*, Nationalausgabe, Bd. 22, Weimar 1958, S. 199–209.]

Kommentar

Zeittafel

1749 28.8.: Johann Wolfgang Goethe wird als erster Sohn des Kaiserlichen Rates ohne Amtsausübung Johann Kaspar Goethe (1710–1782) und seiner Frau Katharina Elisabeth, geb. Textor (1731–1808), in Frankfurt am Main geboren.

1750 7.12.: Geburt der Schwester Cornelia Friederike Christiana.

1752 Besuch einer Spielschule bis 1755 und erster Leseunterricht.

1757 Neujahrsgedicht an die Großeltern Textor; früheste erhaltene Verse Goethes.

1764 23.5.: Bewerbung Goethes um Aufnahme in die »Arkadische Gesellschaft zu Phylandria«, eine literarische Vereinigung. – Beschäftigung mit der Geschichte der antiken Philosophie.

1765 Intensive Lektüre lateinischer Autoren. Goethe möchte in Göttingen Rhetorik, Poetik und klassische Altertumswissenschaften studieren. Der Vater bestimmt ihn zum Jurastudium. – 30.9.: Abreise nach Leipzig. Vertrautheit mit zeitgenössischer Literatur von Hagedorn, Gellert, Haller und Lessing. Starke Wirkung durch Klopstocks *Messias*. In Leipzig: Einfluss der Rokoko-Literatur.

1767 Februar: Erste Arbeit am Schäferspiel *Die Laune des Verliebten*. Abschluss: April 1768. – Beschäftigung mit Schriften Gottscheds, Bodmers und Breitingers.

1768 Ende Juli: Schwere psychische und physische Krise, Blutsturz und Lungenentzündung. – Ende August: Abreise aus Leipzig. September: Eintreffen in Frankfurt. – Lektüre der neuesten Literatur Wielands und Gerstenbergs.

1769 Januar: Erneuter Ausbruch der Krankheit. – Während der Genesung: Lektüre pietistischer Schriften, Beschäftigung mit Lessings *Laokoon*. – Mystisches Lustspiel *Die Mitschuldigen*.

1770 Anhaltende Bewunderung für die Werke Wielands. – Anfang April: Reise nach Straßburg zur Fortsetzung seiner juristischen Studien. Aufenthalt Herders in Straßburg, mit dem Goethe sich anfreundet. Auf Anraten Herders Studium der Schriften Homers, Ossians und Shakespeares. Beschäftigung mit dem Faust-Stoff. – Oktober: Erste Begegnung mit Friederike Brion, Tochter des Pfarrers im nordelsässischen Ses[s]enheim. Weitere Besuche im Pfarrhaus zwischen Oktober und Dezember. Liebe zu Friederike.

1771 Frühling/Sommer: Aufenthalt in Ses[s]senheim. – Juli: Abschluss der juristischen Studien durch Promotion zum »Licentiatus Juris«. – Gedichte an Friederike *(Sesenheimer Lieder)*. Abschied aus Ses[s]enheim und endgültige Lösung des Verhältnisses zu Friederike durch Brief aus Frankfurt. Rückreise nach Frankfurt. – 31.8.: Erteilung der Zulassung zum Anwalt. – September/Oktober: Ossian-Studien. – 14.10.: *Zum Schäkespears Tag*. Ansprache vor der Straßburger »Deutschen Gesellschaft«. – November: Niederschrift des *Götz*-Dramas (1. Fassung).

1772 14.1.: Hinrichtung der Kindsmörderin Susanna Margaretha Brandt, deren Prozessakten Goethe kennt. – März: Einführung in den Kreis der Darmstädter Empfindsamen v. a. durch Herders Braut Caroline Flachsland. – Mai bis September: zur weiteren juristischen Ausbildung nach Wetzlar. – Juni: Bekanntschaft und schließlich leidenschaftliche Liebe zu Charlotte Buff, der Braut des Legationssekretärs J. Chr. Kestner. – Sturm-und-Drang-Lyrik: »Wanderers Sturmlied«, »Mahomets Gesang«, »Elisium«, »An Psyche«.

1773 Verkehr mit Maximiliane von Brentano, geb. Laroche. – Juni: *Götz von Berlichingen mit der eisernen Hand. Ein Schauspiel* erscheint im Selbstverlag. – Sommer: erste Arbeit an *Faust* und *Prometheus*. – Anfang Oktober: dramatische Satire *Götter, Helden und Wieland. Eine Farce*. Satirisches Schauspiel *Jahrmarktsfest in Plundersweilern*.

1774 1.2.: Beginn der Niederschrift des Briefromans *Die Leiden des jungen Werthers*. Erscheint im Herbst in Leipzig. Außerordentliche Resonanz. Verbot des Werkes in Leipzig wegen Gefährdung der Moral. – 14.4.: Uraufführung des *Götz* in Berlin. – *Clavigo*. Ein Trauerspiel. Entstehung einzelner Szenen zu *Faust*. – August: Bekanntschaft mit Herzog Karl August von Sachsen-Weimar in Koblenz.

1775 Januar: Bekanntschaft mit Lili Schönemann, Tochter eines Frankfurter Bankiers: Verlobung im April. – Februar/März: Entstehung des Schauspiels *Stella*. – Mai/Juli: Mit Graf Stolberg und Baron v. Haugwitz Reise in die Schweiz; Gedicht »Auf dem See«. – September/Oktober: Niederschrift einiger Teile des *Egmont*. – Oktober: Lösung der Verlobung mit Lili Schönemann. – 12.10.: Durchreise des Herzogs Karl August von Sachsen-Weimar in Frankfurt; Einladung nach Weimar. – 7.11.: Eintreffen Goethes in Weimar. Aufnahme in den »Weimarer Musenhof«.

1776 Januar: Entstehung der Freundschaft mit Charlotte von Stein. Erziehung zu Maß, Form und Entsagung. – April: Karl August schenkt Goethe das Gartenhaus am Stern. – 11.6.: Ernennung zum Geheimen Legationsrat. – Juli/August: Aufenthalt in Ilmenau.

1777 Besteigung des Brocken; Gedicht »Harzreise im Winter«. – 8.6.: Tod von Goethes Schwester Cornelia.

1778 30.1.: *Der Triumph der Empfindsamkeit* mit Musik von Seckendorf wird zum Geburtstag der Herzogin Luise aufgeführt. – Wiederaufnahme der Arbeit an *Egmont*.

1779 14.2.: Beginn der Arbeit an *Iphigenie auf Tauris* (1. Prosafassung). – 28.3.: Abschluss der *Iphigenie*. – 6.4.: Erstaufführung mit Goethe als Orest. – 5.9.: Ernennung zum »Geheimen Rat« (Minister). – 25.9.: Besuch in Ses[s]enheim: Aussöhnung mit Friederike Brion. – 26.9.: Besuch bei Lili Schönemann. – 21.11.: Aufführung des *Clavigo* unter Mitwirkung Ifflands in Mannheim.

1780 Frühjahr. Neufassung der *Iphigenie* in freien Rhythmen. – März: Konzeption des *Tasso*. Oktober: Ausarbeitung einer Prosafassung. – Gedichte: »Über allen Gipfeln ist Ruh …«, »Gesang der Elfen«, »Meine Göttin«.

1781 November: Goethe mietet das Haus am Frauenplan. – Dezember: Arbeit an *Egmont*.

1782 März: Quellenstudium des *De Bello Belgico* des Famianus Strada und van Meterens *Beschreibung des niederländischen Krieges.* – Vorläufiger Abschluss des *Egmont.* – 10.4.: Kaiser Joseph II. erhebt Goethe in den Adelsstand. – 25.5.: Tod des Vaters Johann Kaspar Goethe. – Juni: Bezug des Hauses am Frauenplan. – 11.6.: Ernennung zum Kammerpräsidenten (Finanzminister).

1783 11.2.: Beitritt Goethes zum Illuminatenorden. – Ideenballaden: »Das Göttliche«, »Der Sänger«. Beginn der Arbeit an *Wilhelm Meister.*

1784 März: Entdeckung des Zwischenkieferknochens am menschlichen Schädel. – September: Erneute Harzreise. – Beginn der klassischen Lyrik: »Zueignung«. Weitere Arbeit an *Wilhelm Meister.*

1786 Juli/September: Aufenthalt Goethes mit Herzog Karl August, Frau v. Stein und Herder in Karlsbad. – 3.9.: Heimliche Abreise aus Karlsbad. Aufbruch nach Italien. Er führt Manuskripte von *Iphigenie*, *Egmont*, *Tasso* und *Faust* mit sich, die er in Italien vollenden will. – Ende Oktober: Ankunft in Rom. Besuch des Malers Tischbein, der zum Begleiter Goethes in Rom und Umgebung wird. – Umarbeitung der *Iphigenie* in fünffüßige Jamben.

1787 Februar/März: Reise nach Neapel und Sizilien. – 11.8.: Abschluss des 5. Aktes von *Egmont.* – 5.9.: Abschluss des Manuskriptes und Absendung an Herder. – November: Rückkehr nach Rom

1788 Februar: Goethe zieht ein Fazit seiner Italienreise: Erkenntnis, zum Dichter und nicht zum bildenden Künstler geboren zu sein. – 23.4.: Abreise aus Rom. – Juni: Rückkehr nach Weimar. Der Herzog entlässt Goethe und entbindet ihn von seinen ministeriellen Pflichten. – Juli: Begegnung mit Christiane Vulpius, mit der er fortan eine Lebensgemeinschaft bildet, die er als »Ehe nur nicht durch Zeremonie« bezeichnet. – Juli: Fortsetzung der Arbeit am *Tasso.* – 9.9.: Begegnung mit Schiller. – 20.9.: Schillers Rezension des *Egmont.* – Dezember: Goethe vermittelt die Berufung Schillers auf einen Lehrstuhl der Universität Jena.

1789 Sommer: Goethe beendet die Beziehung zu Charlotte von Stein. – 25.12.: Geburt des Sohnes Julius August Walther.

1790 Januar: *Faust. Ein Fragment* erscheint bei Göschen. – März/Juni: zweite Italienreise.

1791 17.1.: Der Herzog überträgt Goethe die Leitung des Weimarer Hoftheaters. – 31.3.: Uraufführung des *Egmont* in Weimar. – Sommer: Entstehung des Lustspiels *Der Groß-Cophta*. Uraufführung im Dezember.

1792 8. 8./Mitte Dezember: Als Begleiter des Herzogs Teilnahme am Feldzug in Frankreich.

1793 Mai/August: Teilnahme an der Belagerung des von französischen Truppen besetzten Mainz.

1794 Juni: Schiller fordert Goethe zur Mitarbeit an der Zeitschrift *Die Horen* auf. – Oktober: Überschwängliche Zustimmung zu Schillers *Briefen über die ästhetische Erziehung des Menschen*. Das Versepos *Reineke Fuchs* erscheint. – November: Beginn der Arbeit am Novellenkranz *Unterhaltungen deutscher Ausgewanderten*.

1795 April/Mai: Schlussredaktion der *Römischen Elegien*. Entstehung des Planes, mit Schiller *Xenien* zu verfassen.

1796 Januar–August: Kontinuierliche Arbeit mit Schiller an den *Xenien*. Es entstehen über 900 Distichen. – 25.4.: Aufführung des *Egmont* in Schillers Bearbeitung mit Iffland in der Titelrolle. – Im Frühling: *Wilhelm Meisters Lehrjahre* erscheinen. – Arbeit am Versepos *Hermann und Dorothea*, das erst 1800 erscheint.

1797 Juni: Beginn der Arbeit an *Benvenuto Cellini*. – Reise in die Schweiz. – Wiederaufnahme der Arbeit am *Faust*. Schema des gesamten Werkes.

1798 Oktober: Die Kunstzeitschrift *Propyläen* wird zusammen mit Schiller und dem Kunstschriftsteller Heinrich Meyer bei Cotta herausgegeben.

1799 Intensive Arbeit am *Faust*.

1803 April: Uraufführung der *Natürlichen Tochter*. – Juni: *Benvenuto Cellini* erscheint bei Cotta.

1804 13.9.: Ernennung Goethes zum Wirklichen Geheimen Rat mit dem Prädikat »Exzellenz«. – Dezember: Entstehung der Abhandlung *Winckelmann und sein Jahrhundert.*

1805 9.5.: Schillers Tod.

1806 April: Abschluss des *Faust. 1. Teil.* – 19.10.: Kirchliche Trauung mit Christiane Vulpius.

1807 Februar: Uraufführung des *Torquato Tasso.*

1808 13.9.: Tod von Goethes Mutter. – 2.10.: Audienz bei Napoleon und Talleyrand in Erfurt. 6.10.: 2. Begegnung Goethes mit Napoleon.

1809 Oktober: Roman *Die Wahlverwandtschaften* erscheint. – Beginn der Arbeit an der Autobiographie *Dichtung und Wahrheit.*

1813 Dezember: Beginn der Arbeit an der *Italienischen Reise.*

1814 Juli/September: Reise an Rhein, Main und Neckar. – Liebe zu Marianne Jung, spätere v. Willemer. – Erste Gedichte zum *West-östlichen Divan.*

1816 6.6.: Tod der Ehefrau Christiane. – Aufsatz »Shakespeare und kein Ende« erscheint. – Oktober: Mehrere Besuche Charlotte Kestners, geb. Buff, die Goethe seit 1772 nicht mehr gesehen hat. – Oktober: 1. Teil der *Italienischen Reise* erscheint. – Herausgabe der Zeitschrift *Kunst und Altertum.*

1821 *Wilhelm Meisters Wanderjahre* erscheinen in der 1. Fassung.

1823 Mai: Besuch des Königs Maximilian I. von Bayern. – Juni: Erster Besuch von Johann Peter Eckermann. – August: Werben um Ulrike von Levetzow in Karlsbad und Marienbad.

1825 Wiederaufnahme der Arbeit an *Faust II.*

1828 14.6.: Tod des Erzherzogs Karl August.

1829 Januar: *Wilhelm Meisters Wanderjahre* erscheinen in der 2. Fassung. – Vollendung und Publikation der *Italienischen Reise.*

1830 26.10.: Goethes Sohn August stirbt in Rom.

1831 Juli: Goethe beendet die Arbeit an *Faust II* und bestimmt Eckermann und Riemer, das Werk als Nachlass herauszugeben. – Oktober: *Dichtung und Wahrheit* vollendet und erschienen.

1832 16.3.: Beginn der Krankheit Goethes. 22.3.: Goethe stirbt gegen Mittag. 26.3.: Beisetzung in der Fürstengruft.

Entstehungs- und Wirkungsgeschichte

Wenn zwischen Entstehung und Veröffentlichung eines literarischen Werkes mehr als ein Dezennium liegt, dann muss es gewichtige Gründe geben, die seine Vollendung immer wieder verzögert haben. Wenn darüber hinaus Pläne, Skizzen, Entwürfe oder gar unterschiedliche Textfassungen nicht existieren oder nicht überliefert sind, kann Seriöses, Gesichertes über den Entstehungsprozess kaum gesagt werden. Und wenn schließlich auf ein solches Werk sich beziehende Äußerungen in Briefen, Tagebüchern oder Erinnerungen zu unterschiedlichen Aspekten Auskunft zu geben scheinen, dann entsteht eine nahezu undurchdringliche Gemengelage von Rekonstruktionsversuchen, Mutmaßungen, mehr oder weniger begründeten und begründbaren Vermutungen und bloßen Spekulationen.

Goethes Drama *Egmont* steht in einem solchen Kontext. Als das Trauerspiel 1788 in Band 5 der achtbändigen Göschen-Ausgabe und zeitgleich in einer Einzelausgabe als Erstdruck in Leipzig erschien, nachdem Goethe eine – übrigens erhaltene und als Faksimile herausgegebene (vgl. Kap. Literaturhinweise) – eigenhändige Reinschrift verfasst und an Johann Gottfried Herder (1744–1803) zur Redaktion für die Drucklegung geschickt hatte, umfasste der Entstehungszeitraum des Textes bereits mehr als zwölf Jahre. Immer wieder hatte der Autor die Fertigstellung des Werkes verzögert, neu in Angriff genommen und wurde doch durch nicht genau bezeichnete Umstände an der Verwirklichung seiner Absicht mannigfach gehindert.

Wenn im Folgenden der Versuch einer Annäherung – und nur um einen solchen kann es sich handeln – an plausible Erklärungen oder Gründe für die lange und wohl auch verwickelte Genese vorgelegt wird, dann ist dies dem Sachverhalt geschuldet, dass der Entstehungsprozess einerseits aufgrund fehlender Dokumente nicht präzise rekonstruiert werden kann, andererseits die wenigen substanziellen Aussagen Goethes zu Entwicklungsstand und Corpusbildung des *Egmont*-Dramas eine nur vage Vorstellung von dem vermitteln können, was tatsächlich an ausgearbeitetem Text vorgelegen haben mag und worin die Gründe für eine solch immense Verzögerung gelegen haben könnten.

Hans Wagener (2005, S. 58–82) und Dieter Borchmeyer (DKV, Bd. 5, S. 1233–1246) sowie bereits früher Wolfgang Kayser in Band IV der Hamburger Ausgabe (vgl. Literaturverzeichnis) haben die im Gesamtwerk Goethes verstreuten Dokumente zusammengetragen und in ihren Darstellungen, denen sich auch diese Arbeit in Teilen verpflichtet weiß, teilweise interpretierend gewichtet. Und Volkmar Braunbehrens unternimmt in seiner Studie den Versuch, den möglichen Entwicklungsprozess des Trauerspiels vor dem Hintergrund des »biographisch-historischen Kontext[es]« des ersten Weimarer Aufenthaltes Goethes (1775–1786) verständlich zu machen, indem er das Werk in das Spannungsfeld zwischen poetischer »Selbstreflexion und Selbstvergewisserung« sowie beruflicher, gesellschaftlicher und politischer Umbrüche stellt (Braunbehrens 1982, S. 86). So meint er, anhand von Tagebuchaufzeichnungen belegen zu können, »daß jedes Mal, wenn Goethe sich den ›Egmont‹ wieder vornimmt, Konflikte aus seiner amtlichen Tätigkeit auslösendes Moment sind« (ebd.). Derart literarische mit außerliterarischen Fragestellungen verknüpfend, versucht er, verschiedene Entstehungsstufen und -zeiträume des in seiner Fertigstellung immer wieder verschobenen Dramas mit konkreten Umständen, Begebenheiten oder Einflüssen aus seiner beruflichen Tätigkeit zu parallelisieren und zu einem plausiblen Beziehungs- und Begründungsgeflecht zusammenzufügen. Darin sieht Braunbehrens den zentralen Punkt

> »der stockenden ›Egmont‹-Arbeit in der Weimarer Zeit. [...] Erst in Italien, wo Goethe sich in der Lage fühlt, aus der Selbstreflexion über seine politische Tätigkeit auch die notwendigen Konsequenzen zu ziehen, [...] gelingt es ihm, dem Stoff, an dessen Interesse sich seit der Frankfurter Zeit entscheidende Umakzentuierungen ergeben hatten, eine befriedigende dramatische Form zu geben.« (Ebd., S. 89)

Entstehungsgeschichtlich wird also streng zu unterscheiden sein zwischen Veränderungen oder Fortschritten am Werk selbst, die jedoch wegen fehlender Textfragmente oder Textbelege spekulativ bleiben müssen, und den damit namhaft zu machenden Einflüssen, Anlässen oder Gründen.

Beginn der Niederschrift des *Egmont*

Als gesichert kann gelten, dass Goethe mit der Niederschrift des

Egmont im Herbst 1775 (wahrscheinlich Mitte Oktober) noch in Frankfurt vor seiner Abreise zu Herzog Karl August (1757–1828) nach Weimar begann. Da der Wagen des Herzogs auf sich warten ließ, zog sich Goethe auf sein Zimmer zurück. In anekdotenhafter Manier meint er gut vier Jahrzehnte später in *Dichtung und Wahrheit* sich erinnern zu können:

> »Weil aber die Einsamkeit und Enge jederzeit für mich etwas sehr günstiges hatte, indem ich solche Stunden zu nutzen gedrängt war, so schrieb ich an meinem Egmont fort und brachte ihn beinahe zu Stande. Ich las ihn meinem Vater vor, der eine ganz eigne Neigung zu diesem Stück gewann, und nichts mehr wünschte, als es fertig und gedruckt zu sehn, weil er hoffte, daß der gute Ruf seines Sohns dadurch sollte vermehrt werden.« (*Dichtung und Wahrheit*, 20. Buch; DKV Bd. XIV, S. 845)

Und im 19. Buch seines autobiographischen Werkes konkretisiert er seine Erinnerungen:

> »Ich fing also wirklich Egmont zu schreiben an, und zwar nicht wie den ersten Götz von Berlichingen in Reih und Folge, sondern ich griff nach der ersten Einleitung gleich die Hauptszenen an, ohne mich um die allenfallsigen Verbindungen zu kümmern.« (Ebd., S. 834)

Welche Szenen in welcher poetischen Manifestation auch immer er zu Papier gebracht haben mag – Konkretes ist nicht überliefert und lässt sich darum auch nicht rekonstruieren. Weder gibt es ein »Frankfurter Fragment«, auf das Friedrich Sengle glaubt rekurrieren zu können (1952, S. 47), noch existiert ein »Ur-Egmont«, den Heinrich Henel akribisch nachzuweisen trachtet (1963, S. 11 ff.). Nach seiner Ankunft in Weimar am 7. November 1775 hat Goethe allerdings wiederholt und unregelmäßig versucht, das Stück zu vollenden. So schreibt er nach über dreijähriger Pause im Dezember 1778 in dichter Folge in sein Tagebuch: »Schrieb einige Szenen an ›Egmont‹«, am 5. Dezember: »Morgens ›Alba und Sohn‹« und am 13. Dezember: »›Früh Monolog Albas‹.« (Zit. n. Wagener 2005, S. 58) Mitte des folgenden Jahres gab es offenkundig eine weitere starke Motivation, das Drama fertigzustellen, die er jedoch nicht zu nutzen vermochte, wie er gegenüber Charlotte von Stein (1742–1827) bekennt:

Vergebliche Versuche, das Stück zu vollenden

»Gestern abend hab' ich noch eine Szene in ›Egmont‹ geschrieben, die ich kaum wieder dechiffrieren kann« (24. Juni 1779), um sie am 7. September resignierend zu bitten: »Ich schicke Ihnen, was von ›Egmont‹ fertig ist, und alle meine andre Sachen, heben Sie mir sie auf.« (Ebd., S. 59)

Erst gut zwei Jahre später (Dezember 1781) schreibt er erneut an seine Weimarer Freundin und kündigt die Fertigstellung des *Egmont* an. Diese Nachricht liest sich wie eine Erläuterung, eine Begründung für den langen Entstehungsprozess:

> »[...] es geht mir wohl, ich mag die Menschen leiden, und sie mich, ich bekümmere mich um nichts und schreibe Dramas. Mein ›Egmont‹ ist bald fertig, und wenn der fatale vierte Akt nicht wäre, den ich hasse und notwendig umschreiben muß, würde ich mit diesem Jahr auch dieses lang vertrödelte Stück beschließen.«

Und noch im März 1782 heißt es: »Nun will ich über den ›Egmont‹ und hoff' ihn endlich zu zwingen.« (Ebd.) Aber schon vier Tage später muss er sich eingestehen:

> »Zum ›Egmont‹ habe ich Hoffnung, doch wird's langsamer gehen, als ich dachte. Es ist ein wunderbares Stück. Wenn ich's noch zu schreiben hätte, schrieb' ich es anders, und vielleicht gar nicht. Da es nun aber da steht, so mag es stehen, ich will nur das Allzuaufgeknöpfte, Studentenhafte der Manier zu tilgen suchen, das der Würde des Gegenstandes widerspricht.« (Ebd., S. 60)

Es sollte fünf weitere Jahre dauern, bis Goethe sich zu weiteren Arbeiten aufraffen konnte.

Gründe für die zögerliche Genese

Zieht man gerade wegen der zuletzt zitierten Nachricht an Charlotte von Stein sieben Jahre nach Goethes Ankunft in Weimar eine erste, vorsichtige Zwischenbilanz hinsichtlich der Gründe, warum der *Egmont* immer noch der Fertigstellung harrt, so sind es zunächst solche der Konzeption (»schrieb' ich es [das Stück] anders, und vielleicht gar nicht«) und des offensichtlich nicht mehr Zeitgemäßen, dann der poetischen Umsetzung und Darstellung (»Würde des Gegenstandes«, manieristischer, wenig poetisch reflektierter Stil) und schließlich der Szenenkonstitution und der Sujetfügung. Insbesondere der »fatale vierte Akt« sowie die Abfolge der einzelnen Szenen, d. h. der Handlungssukzessi-

Der »fatale vierte Akt«

on bereiten Goethe offenbar große Schwierigkeiten. Dies ist auch verständlich, wenn man sich sowohl die handlungsstrukturelle als auch die thematisch-motivische Funktion des Aktzentrums, des Dialogs zwischen Alba und Egmont, vor Augen führt. Denn auch in der endgültigen Fassung der Erstausgabe, die für alle Mutmaßungen oder Extrapolationen über frühere Textgestaltungen alleiniger und ausschließlicher Referenzpunkt oder Referenztext bleiben muss, birgt dieser Akt, in dem der dramatische Knoten geschürzt, der wenig ausgeprägte zentrale Konflikt forciert und zugleich der Wendepunkt des Dramas erreicht wird, konzeptionell und v. a. handlungsstrukturell ungelöste Probleme (vgl. Kap. Deutungsansätze, S. 158).
Auch als Goethe nach einer nahezu fünfjährigen Unterbrechung die Arbeit am *Egmont* auf seiner Italienreise 1786/88 wieder aufnimmt, haben sich die Probleme nicht geändert. Im Gegenteil: Immer wieder bekräftigt er zwar seine Absicht, das Trauerspiel endlich fertigzustellen, wie ein Brief an Herzog Karl August vom 13. Januar 1787 belegt (»[...] nun werd' ich gleich den ›Egmont‹ endigen, daß er wenigstens ein scheinbares Ganze mache«; zit. n. Wagener 2005, S. 61). Und noch eine Woche später ist er sehr zuversichtlich, wie er Charlotte von Stein wissen lässt: »Ich habe Hoffnung, ›Egmont‹, ›Tasso‹ und ›Faust‹ zu endigen.« (Ebd.) Doch verzögert sich der Abschluss abermals. Erst zwischen Juli und September 1787 gelingt es ihm – wiederum nur nach mehreren Anläufen und erinnert aus der Retrospektive seiner *Italienischen Reise* –, die Tragödie zu vollenden: »›Egmont‹ ist schon bis in den vierten Akt [!] gediehen [...] In drei Wochen denke ich fertig zu sein, und ich schicke ihn gleich an Herdern ab«, heißt es am 16. Juli 1787. Und Ende Juli notiert er:

Fertigstellung des Dramas

> »Montag, den 30sten blieb ich den ganzen Tag zu Hause und war fleißig. ›Egmont‹ ruckt zum Ende, der vierte Akt ist so gut wie fertig. [...] Ich fühle mich recht jung wieder, da ich das Stück schreibe; möchte es auch auf den Leser einen frischen Eindruck machen.« (Zit. n. Wagener 2005, S. 62)

Abgeschlossen hat er die Arbeit wohl erst Anfang September, wie aus zwei Einträgen am 1. und 5. September 1787 hervorgeht:

> »Ich muß an einem Morgen schreiben, der ein festlicher Morgen für mich wird. Denn heute ist ›Egmont‹ eigentlich recht völlig fertig geworden. Der Titel und die Personen sind geschrieben und einige Lücken, die ich gelassen hatte, ausgefüllt worden.« (Ebd., S. 63 f.)

Aber selbst nach der Fertigstellung des Dramas macht Goethe auf sein immer noch präsentes *ästhetisches* Unbehagen aufmerksam – was noch erläuternd zu bedenken sein wird (vgl. S. 140) –, wenn er auf Einwände und Bedenken Herzog Karl Augusts am 28. März 1788 – also nach Erscheinen des Dramas – selbstkritisch einräumt:

Ästhetisches Unbehagen

> »Einiges, was Ihnen nicht behagte, liegt in der Form und Konstitution des Stücks und war nicht zu ändern, ohne es aufzuheben. [...] Es war ein schweres Unternehmen, ich hätte nie geglaubt, es zu vollenden, nun steht das Stück da, mehr, wie es sein konnte, als wie es sein sollte.« (Ebd., S. 69)

Diese überaus lange Entstehungszeit des *Egmont* sowie die weitgehend immer noch im Dunkeln liegenden Gründe für die Schwierigkeiten seiner Vollendung ließen in der wissenschaftlichen Aufarbeitung Spekulationen ins Kraut schießen. Statt sich zunächst auf innerliterarische Probleme und hier auf solche der Tragödiengestaltung, ihrer dramatisch-künstlerischen Verfahren zu konzentrieren, versuchten Herausgeber und Kommentatoren produktionshemmende Faktoren im privaten oder beruflichen Umfeld zu benennen, d. h. Hindernisse im biographischen oder politisch-gesellschaftlichen Kontext für die Verzögerungen geltend zu machen. Borchmeyer (DKV, Bd. 5, S. 1258–1266) etwa meint einen starken Einfluss der Schriften Justus Mösers (1720–1794) – v. a. seiner politischen Ansichten in den *Patriotischen Phantasien* (1772) – auf den *Egmont* nachweisen zu können, der namentlich im großen Dialog zwischen Alba und Egmont zum Tragen komme. Dort werde die Idee des despotischen Absolutismus mit der des aufgeklärten Absolutismus kontrastiert und auf die gescheiterte Politik des österreichischen Kaisers Josephs II. (1741–1790) bezogen. Braunbehrens fasst – ähnlich wie Borchmeyer – den *Egmont* letztlich als »Fürstenspiegel« der Politik des Herzogs Karl August und damit als poetisch vermittelte Kritik Goethes an realpolitischen Überlegun-

Produktionshemmende Faktoren

Egmont als »Fürstenspiegel«

gen und Handlungen seines »Dienstherrn« auf, die er zu billigen nicht mehr bereit sei: »[E]s scheint, daß der Herzog, der das an ihn Gerichtete aus der poetischen Produktion Goethes durchaus zu lesen verstand, solchen Beziehungsreichtum erfaßt hatte.« (Braunbehrens 1982, S. 97)

Missachtung poetologischer Probleme

Diese und ähnliche Versuche, Goethes Schwierigkeiten mit der Vollendung des Dramas auf den Dialog Alba – Egmont im 4. Akt zu fokussieren, bedeutet eine einseitige und argumentativ unzulässige Reduktion poetologischer Probleme, die das Drama und dessen Einheit in toto betreffen, auf nur einen, wenn auch wichtigen Motiv-Komplex. Darüber hinaus bilden die zwischen den beiden Protagonisten ausgetauschten staatsphilosophischen und staatsrechtlichen Argumente nicht das thematische Zentrum des Dramas. Sie wirken eher wie ein theoretischer Überbau in einer dramatischen Handlung, in die nach Art des großen Monologs zwischen König Philipp und Marquis Posa in Schillers *Don Karlos* (1787) eine intellektuell-konzeptionelle Ideen-Ebene eingezogen werden soll, die auch in der Allegorisierung der Freiheit am Dramenschluss ihren nicht unproblematischen Ausdruck findet.

Konzeptionelle Anfänge des *Egmont* im Sturm und Drang

Es wird damit erneut deutlich, dass zwischen *literarischen* Gründen und *außerliterarischen* Einflüssen oder Anstößen streng zu unterscheiden ist. Wenn Goethe selbst darauf hinweist, dass neben *Egmont* auch *Tasso* und *Faust* der Vollendung harren (vgl. S. 138), dann darf nicht übersehen werden, dass konzeptionelle Anfänge des *Egmont*-Dramas (1775) in unmittelbarer Nähe zum 1773 erschienenen *Götz von Berlichingen*, zum *Prometheus*-Fragment (1773/4) und der Shakespeare-Begeisterung anzusiedeln sind, während die in Italien vorgenommene und erfolgreich beendete Arbeitsphase in unmittelbarer Folge und Nachbarschaft zum klassischsten aller Klassik-Dramen Goethes zu sehen ist – zur *Iphigenie auf Tauris* (1787). Für diese wiederum benötigte der Autor vier Fassungen (1779–1786), ehe aus einem Prosa-Entwurf (1779) über eine unzulängliche Versvariante (1780) schließlich in streng gebundener Versform das Referenzmodell einer Tragödie der Weimarer Klassik entstand.

Egmont ist – poetologisch – somit auf dem Weg von einem die aristotelische Poetik destruierenden, von »Sprüngen und Würfen« (Herder) durchsetzten *Götz* in bunter Szenenfolge zu einer strengsten Regeln unterworfenen sowie dem Ideal autonomer Humanität verpflichteten *Iphigenie* zu situieren. Bereits 1788 hinsichtlich seines Sturm-und-Drang-Sujets nicht mehr zeitgemäß, gerät Goethe durch die Weiterentwicklung und Änderung seiner ästhetischen Ideale, wie sie in den unterschiedlichen Fassungen der *Iphigenie* sich manifestieren, mit der künstlerischen Objektivation des *Egmont* in einen Zielkonflikt. Einerseits konnte er die obsolet gewordenen künstlerischen Verfahren des Sturm-und-Drang-Dramas nicht mehr einsetzen (vgl. S. 137), andererseits wären poetisch strenge Verfahren wie etwa das der Versifizierung dem Gegenstand ›Egmont‹ unangemessen gewesen.

Zielkonflikt

Unter dem Aspekt literarischer Evolution fand somit – so mag es in gebotener Kürze scheinen – ein Dominantenwechsel statt, an der dieses Drama nur teilweise partizipieren konnte. Vom Sujet her noch eindeutig der Schaffensperiode des Sturm und Drangs um *Götz* und *Prometheus*-Fragment verhaftet, sind künstlerische Verfahren und Sujetfügung den klassischen Dramen einer *Iphigenie* und eines *Tasso* angenähert, ohne sie in poetischer Strenge (z. B. Vers-, keine Prosafassung, starke Motivierung der Handlung) zu erreichen. Auf die Figur des sorglosen, unbekümmerten, seinen Subjektivismus lebenden »Helden« (vgl. Monolog Egmonts im 5. Akt) zentriert, bei dem Ich- und Welterfahrung gleichsam zusammenfallen, entfaltet Goethe mit einer dreifachen Exposition die Titelfigur in Fremdspiegelungen, sodass die arg reduzierte dramatische *actio* auf den Ebenen des Gesellschaftlich-Bürgerlichen, Privaten und Politischen sich erst im 4. Akt für die äußere Handlung sich zu entfalten vermag. Dadurch entsteht ein lockeres Geflecht dramatischer Handlung einschließlich der finalen ideellen Ebene. Derart in Handlung und Sprache »gebändigt«, bleiben gleichwohl nach dramatischer »Explosion« drängende Motive und Handlungen teilweise ungenutzt und rufen Goethes Unzufriedenheit hervor: einerseits ein Drama aus der noch ungebändigten Zeit des Geniekults und der schier grenzenlosen Subjektivität, an die er sich in der befreienden Zeit des Italienaufenthaltes gern erinnert, andererseits eine Tragödie, die den neu gewonnenen Kategorien seiner

Dominantenwechsel

Dreifache Exposition

klassischen Ästhetik nicht mehr gerecht wird – ein *Egmont*, wie er eben »sein konnte«, aber nicht, wie er »sein sollte« (vgl. S. 139).

Resonanz in Freundeskreisen

Zu dieser Selbsteinschätzung trug wohl auch die Resonanz bei, die nach der Ankunft des Manuskriptes, aber noch vor seiner Drucklegung aus Freundeskreisen bekannt ist. Auch wenn schriftliche Äußerungen an Goethe nicht erhalten sind, so lassen sich aus den Antwortschreiben des Dichters kritische Einwände erschließen. Es sind v. a. zwei zentrale Komplexe, die – je nach Rezeptionsgruppe – die Detailkritik am *Egmont* bestimmen: die Figur Clärchens sowie die mit ihr zusammenhängende Schlussallegorisierung der Freiheit und die politische Dimension des Stückes. In einem offenkundig an den mit der Herausgabe des Werkes betrauten Freund Herder (vgl. S. 134) adressierten Brief vom 3. November 1787 heißt es:

Detailkritik am *Egmont*

> »Was du von Clärchen sagst, verstehe ich nicht ganz, und erwarte deinen nächsten Brief. Ich sehe wohl, daß dir eine Nuance zwischen der Dirne und der Göttin zu fehlen scheint. Da ich aber ihr Verhältnis zu Egmont so ausschließlich gehalten habe; da ich ihre Liebe mehr in den Begriff der Vollkommenheit des Geliebten, ihr Entzücken mehr in den Genuß des Unbegreiflichen setze; da ich sie als Heldin auftreten lasse; [...] so weiß ich nicht, wo ich die Zwischennuance hinsetzen soll.« (DKV, Bd. 5, S. 1250)

Weniger die offenkundig zu oberflächliche Zeichnung Clärchens als vielmehr die schnöde, wenn nicht gar herzlose Art, in der in der Kerkerszene des 5. Aktes der todgeweihte Egmont seine Geliebte Ferdinand empfiehlt, erregte im Damenkreis um Charlotte v. Stein Missbehagen, wie Goethe auf der Grundlage eines Berichtes aus dem Monat Dezember 1787 meint in der *Italienischen Reise* sich erinnern zu können.

> »Schon die ersten Briefe aus Weimar über Egmont enthielten einige Ausstellungen über dieses und jenes, hiebei erneute sich die alte Bemerkung, dass der unpoetische, in seinem bürgerlichen Behagen bequeme Kunstfreund gewöhnlich da einen Anstoß nimmt, wo der Dichter ein Problem aufzulösen, zu beschönigen oder zu verstecken gesucht hat. [...] Was aber am meisten den Freundinnen tadelnswert schien, war das la-

konische Vermächtnis, womit Egmont sein Clärchen an Ferdinand empfiehlt.« (Ebd., S. 1250 f.)

Dass besonders die Weimarer gebildete Damenwelt an der Zeichnung und dem Schicksal Clärchens Anstoß nimmt, mag mit gendertheoretischen Argumenten erklärbar sein. Plausibler scheint jedoch die Tatsache, dass eine solcherart hervortretende Sensibilisierung für diese *dramatis persona* in der literarischen Rezeptionsbildung und der akkumulierten Lektüreerfahrung zu finden ist, die in den 1780er Jahren noch wesentlich von Familiendramen im Stile eines August von Kotzebues (1761–1819) oder August Wilhelm Ifflands (1759–1814), der auch die treibende Kraft für die bühnenwirksame Umarbeitung des Dramas durch Friedrich Schiller (1759–1805) war (vgl. S. 149), dem bürgerlichen Trauerspiel wie Schillers *Kabale und Liebe* (1784) und Tableauszenen in der Tradition der französischen *tragédie domestique* dominiert waren, wie sie auf den bekannten und renommierten Theaterbühnen gespielt wurden.

Vor diesem Hintergrund ist auch zu verstehen, dass die Malerin Angelica Kauffmann (1741–1807), die für die Erstausgabe des *Egmont* einen Kupferstich (Darstellung der Begegnung Egmont-Clärchen am Ende des 3. Aktes, abgebildet in: Wagener 2005, S. 67, und DKV, Bd. 5, Bildteil, S. XVII) fertigte, in der Schlussszene nicht die Allegorisierung der Freiheit, sondern die Apotheose der Liebe sehen will – eine Rezeptionsweise, die Goethe nach sonst kritischen Detaileinwänden begeistert aufnimmt und in seine *Italienische Reise* integriert: Angelica Kauffmann

> »Angelica sagte: da die Erscheinung nur vorstelle, was in dem Gemüte des schlafenden Helden vorgehe, so könnte er mit keinen Worten stärker ausdrücken, wie sehr er sie liebe und schätze, als es dieser Traum tue, der das liebenswürdige Geschöpf nicht zu ihm herauf, sondern über ihn hinauf hebe. Ja, es wolle ihr wohl gefallen, daß der, welcher durch sein ganzes Leben gleichsam wachend geträumt, Leben und Liebe mehr als geschätzt, oder vielmehr nur durch Genuß geschätzt, daß dieser zuletzt noch gleichsam träumend wache und uns still gesagt werde, wie tief die Geliebte in seinem Herzen wohne und welche vornehme und hohe Stelle sie darin einnehme.« (Ebd., S. 1251 f.)

Unterschiedliche Rezeption v. Titelfigur u. Dramenhandlung

Damit wird deutlich, dass die mehrschichtig angelegte Titelfigur sowie die Dramenhandlung nicht nur zu unterschiedlichen Rezeptionsweisen führten, sondern diese auch durch verschiedene Lektüreerfahrungen der Rezipienten und mehrere gleichzeitig verlaufende Literaturströmungen geprägt sind. Sowohl die typische Sturm-und-Drang-Gestalt Egmont als auch die teils empfindsame, teils als Familiengemälde perzipierte Liebeshandlung mit ihrem Ende im Geiste des bürgerlichen Trauerspiels und die klassisch-ideengeschichtliche Ausprägung des historisch-politischen Konflikts zwischen Alba und Egmont um die Befriedung der Niederlande, in der Herzog Karl August eine allzu deutliche »Diskreditierung des regierenden Adels« (ebd., S. 1251) glaubte erkennen zu können, vermögen gleichermaßen die stilistische Uneinheitlichkeit des Stückes, die mit unterschiedlichen Dominanzen erfolgte Rezeption und den langen, immer wieder unterbrochenen Schaffensprozess zu erklären.

Stilistische Uneinheitlichkeit des Stückes

Es verwundert nicht, wenn in der professionellen zeitgenössischen Literaturkritik eben diese Einwände gegenüber *Egmont* wieder aufgegriffen, einer kritischen Überprüfung unterzogen und durch weitere, primär literaturwissenschaftliche Argumente zugespitzt werden. Im Wesentlichen lassen sich – wie in der privaten Rezeption des Stückes – drei Angriffspunkte unter den Rezensenten ausmachen: der problematische Schluss des Dramas, das Schicksal der *dramatis persona* Clärchen und die nicht unproblematische Gesamtkonzeption des Dramas. In einer an analytischer Schärfe, hoch reflektierter Argumentation und radikaler Wertung kaum zu überbietender Auseinandersetzung mit dem Drama erschien am 20. September 1788 in der *Jenaischen Allgemeinen Literaturzeitung* anonym eine ausführliche Rezension, deren Verfasser kein Geringerer als Friedrich Schiller ist (s. Anhang, S. 111–123). Auf über zehn Seiten beleuchtet er zentrale Probleme und Aspekte des Stückes.

Drei Angriffspunkte

Friedrich Schillers Rezension

Rekurrierend auf poetologische Kategorien der aristotelischen Poetik entwirft Schiller zu Beginn seiner Ausführungen nichts weniger als eine Typologie der Tragödie in nuce:

> »Entweder es sind außerordentliche *Handlungen* und *Situationen*, oder es sind *Leidenschaften*, oder es sind *Charaktere*, die dem tragischen Dichter zum Stoff dienen; und wenn

gleich oft alle diese drei, als Ursach und Wirkung, in Einem Stücke sich beisammen finden, so ist doch immer das eine oder das andere, vorzugsweise der letzte Zweck der Schilderung gewesen.« (S. 111 f.)

Mit Rekurs auf die Dramen Shakespeares und auch Goethes *Götz* subsumiert er *Egmont* unter den Typus des Charakterdramas, um dieser Tragödie zugleich einen fundamentalen Mangel vorzuhalten. Denn hier gebe es

Egmont als Charakterdrama

> »keine hervorstechende Begebenheit, keine vorwaltende Leidenschaft, keine Verwickelung, kein dramatischer Plan, nichts von dem allem; – eine bloße Aneinanderstellung mehrerer einzelner Handlungen und Gemälde, die beinahe durch nichts als durch den Charakter zusammengehalten werden, der an allen Anteil nimmt, und auf den sich alle beziehen. Die Einheit dieses Stücks liegt also weder in den Situationen noch in irgend einer Leidenschaft, sondern sie liegt in dem *Menschen.*«

Einheit des Stücks

Und da seine »Gefangennahme und Verurteilung« auch nichts »Außerordentliches« (S. 112 f.) zeigten, sei die Einheit der dramatischen Handlung gefährdet.

Dieser Vorwurf, mit dem Schiller selbst vor Jahresfrist anlässlich des Erscheinens seines *Don Karlos* konfrontiert wurde und der zu den *Briefen über Don Karlos* (1788) und dort zu einem intentionalen Begriff der dramatischen Einheit führte (vgl. SBB 88, S. 309 ff.), ändere jedoch nichts daran, dass der Zweck des Trauerspiels im Sinne der Tragödiendefinition der aristotelischen Poetik, nämlich – wirkungsästhetisch – Furcht und Mitleid zu erregen, erreicht werde. Gleichwohl könne man nicht übersehen, dass der Charakter Egmonts eindimensional angelegt sei, ein unwiderstehliches »Heldengemälde« nicht vorgestellt werde. Zeitgenössische Rührstücke hat Schiller wohl im Sinn, wenn er Goethe vorwirft, er häufe bei Egmont Menschlichkeit über Menschlichkeit, ohne einen für Furcht und vor allem Mitleid notwendigen ›gebrochenen Charakter‹, einen ›mittleren Helden‹ zu schaffen. »Durch seine schöne Humanität, nicht durch Außerordentlichkeit, soll dieser Charakter uns rühren [sic!]; wir sollen ihn lieb gewinnen, nicht über ihn erstaunen.« (S. 115) Allerdings widerspreche es dieser Absicht, wenn wir als Leser oder

Zuschauer Egmonts »V e r d i e n s t e [nur] von H ö r e n s a g e n wissen und auf Treu und Glauben anzunehmen gezwungen werden, – seine S c h w a c h h e i t e n hingegen mit unseren Augen sehen« (S. 115). Und v. a. werde der Rezipient um die Ernsthaftigkeit der Bemühungen Egmonts hinsichtlich der Freiheit der Niederländer gebracht. Wenn dieser vom Volk geliebte Held auf das eindringliche Gespräch mit Oranien und dessen begründete Warnung im 2. Akt des Dramas mit einem Stelldichein bei Clärchen reagiert, dann fühle man sich angesichts der bedrohlichen Lage Egmonts um sein Mitgefühl betrogen:

> »Wie? Nach einer so ernsten Aufforderung keinen anderen Gedanken als nach Zerstreuung? Nein, guter Graf Egmont! Runzeln, wo sie hingehören, und freundliche Mittel, wo sie hingehören! Wenn es Euch zu beschwerlich ist, Euch Eurer eignen Rettung anzunehmen, so mögt Ihrs haben, wenn sich die Schlinge über Euch zusammenzieht. Wir sind nicht gewohnt, unser Mitleid zu verschenken.« (S. 116).

Kritik an Goethes Umgang mit hist. Fakten

Auch Goethes Umgang mit historischen Fakten unterzieht Schiller einer differenzierten Kritik, zu der er sich berufen fühlte, hatte er doch gerade mit seiner groß angelegten Abhandlung *Geschichte des Abfalls der vereinigten Niederlande von der spanischen Regierung* (1788) ein profundes Werk über diese unruhigen Zeiten und mit *Don Karlos* (1787) gleichsam eine Pendant-Tragödie zu *Egmont* vorgelegt (vgl. Große 1987 und v. a. Schings 1993). Zwar dürfe aus Gründen der dramatischen Zuspitzung und der klaren Zeichnung der Hauptfiguren von der »historischen Wahrheit« abgewichen werden, aber man dürfe ihr keine Gewalt antun, »um sie hervorzubringen« (ebd.). Ein Vergleich zwischen dem historischen und dem fiktiven Egmont zeige, dass fundamentale Änderungen und Abweichungen von den historischen Personen begründet und funktional zu erfolgen hätten. Der historische Egmont

> »wird nicht mehr das Opfer einer blinden törichten Zuversicht, sondern der übertrieben ängstlichen Zärtlichkeit für die Seinigen. Weil er zu fein und zu edel denkt, um einer Familie, die er über alles liebt, ein hartes Opfer zuzumuten, stürzt er sich selbst ins Verderben. Und nun der Egmont im Trauerspiel! – Indem der Dichter ihm Gemahlin und Kinder nimmt,

zerstört er den ganzen Zusammenhang seines Verhaltens. Er ist ganz gezwungen, dieses unglückliche B l e i b e n aus einem leichtsinnigen Selbstvertrauen entspringen zu lassen, und verringert dadurch gar unsre Achtung für den Verstand seines Helden, ohne ihm diesen Verlust von Seiten des Herzens zu ersetzen. Im Gegenteil – er bringt uns um das rührende Bild eines Vaters, eines liebenden Gemahls, – um uns einen Liebhaber von ganz gewöhnlichem Schlag dafür zu geben.« (S. 117)

Voll überschwänglichen Lobes ist der Rezensent hinsichtlich der Darstellung der gesellschaftlichen und politischen Verhältnisse. Gerade die in Brüssel spielenden Volksszenen nötigen Schiller nicht nur Respekt, sondern auch Bewunderung ab, und er rühmt in gleicher Weise das »schöpferische Genie«, das die Schwierigkeiten solcher Präsentationen meisterhaft bewältigt habe und den Leser schon »in zwei andern Stücken in die Ritterzeiten Deutschlands und nach Griechenland« (S. 119) in eine eigene Welt versetzt habe. Mit dem direkten Hinweis auf Goethes *Götz* und das klassische Trauerspiel *Iphigenie*, das ebenfalls von Schiller ein Jahr nach der *Egmont*-Rezension besprochen wurde (vgl. Literaturhinweise), stellt schon der zeitgenössische Kritiker die hier infrage stehende Tragödie in einen wichtigen Werkkontext, der auch für die Unzulänglichkeiten des Dramas und die Schwierigkeiten mit seiner Vollendung bedacht werden muss (vgl. S. 136).

Darstellung der gesellschaftl. u. polit. Verhältnisse

Was für die Volksszenen gilt, gelte auch für die handlungstragenden *dramatis personae*. So edel, mild und menschlich Margarete von Parma gezeigt werde, so ›fest, starr und unzugänglich‹ der Herzog von Alba, jedoch »ohne uns mit Abscheu von ihm wegzukehren« (S. 121). Und die einzige Szene mit Wilhelm von Oranien (2. Akt) stelle uns einen »schlauen, wortkargen, alles verknüpfenden und alles fürchtenden« (S. 122) Charakter vor Augen, während Clärchen »unnachahmlich schön und wahr gezeichnet« sei.

Dramenpersonal

»Auch im höchsten Adel ihrer Unschuld noch das gemeine [= einfache] Bürgermädchen, und ein Niederländisches Mädchen – durch nichts veredelt als durch ihre Liebe, reizend im Zustand der Ruhe, hinreißend und herrlich im Zustand des Affekts.« (S. 123)

Als völlig illusionszerstörend begreift Schiller die allegorische Schlussszene des Dramas. Unmittelbar nach dem zu Herzen gehenden Schlussmonolog Egmonts würden wir »aus der wahrsten und rührendsten Situation [...] durch einen Salto mortale in eine Opernwelt versetzt, um einen Traum – zu *sehen*« (S. 123). Dieses vernichtende Diktum des Dichterkollegen Goethes sollte den Bühnenerfolg der Tragödie nachhaltig beeinflussen und führte zu radikalen Konsequenzen (s. u.).

Die Stichhaltigkeit, die Trennschärfe und das Niveau der von Schiller vorgebrachten Argumente werden von anderen Kritikern nicht erreicht, die lediglich in einzelnen, nicht immer zentralen Punkten von dessen Auffassung abweichen oder ihm entschieden sekundieren wie der Rezensent der Frankfurter *Dramaturgischen Blätter*, der die Traumvision am Dramenschluss harsch ablehnt:

> »Daß der Dichter sich noch eines Traums bedient, um den sterbenden Helden Muth und heitere Ruhe für den letzten Kampf einzuflössen, misbilligen wir.« (Braun 1884, S. 22)

Ch. G. Körner

Selbst Schillers Freund und Gönner Christian Gottfried Körner (1756–1831) bestätigt in einem Brief vom November 1788 an ihn ausdrücklich die sachlich-faire Kritik an Goethes Tragödie:

> »Auch ist es Dir gelungen, deucht mich, den rechten Ton der Kritik gegen einen verdienten Schriftsteller zu treffen – Strenge mit Achtung, ohne affektierte Schmeichelei.« (DKV Bd. 5, S. 1255)

Er wendet danach jedoch zaghaft ein, dass ein Trauerspiel nicht unbedingt Bewunderung für, sondern auch Liebe zu einem Helden bewirken solle. Anderen Sinnes ist er jedoch bezüglich der Abweichung vom historischen Vorbild:

> »Auch zweifle ich, ob das Stück durch mehr Übereinstimmung mit der Geschichte würde gewonnen haben. Ist es nicht schöner, Egmonts Sorglosigkeit zur Ursache seines Unglücks zu machen als eine gewisse Unentschlossenheit zwischen Bleiben und Gehen, wo die Vermeidung eigener Gefahr mit Familienverhältnissen kollidiert?« (Ebd.)

Und selbst der Rezensent F. L. Huber, der vier Jahre nach der Schiller'schen Kritik im selben Periodikum am 9. November 1792 auf eben diese Bezug nimmt, wiederholt die Argumente

Körners für den Goethe'schen und gegen den historischen Egmont sowie Schillers Verdikt über die Allegorisierung der Freiheit:

> »Auch wird [...] die Erscheinung der mit der Geliebten des Helden identificirten Freyheit, immer ein *salto mortale* bleiben, eine Kühnheit, über welche wir von dem Dichter selbst Rechenschaft zu haben wünschten.« (Wagener 2005, S. 111)

Die Frage nach der ›Repräsentativität‹ der Schiller'schen Rezension (DKV, Bd. 5, S. 1255) kann also angesichts ihrer Reflexionshöhe und argumentativen Durchschlagskraft ernsthaft gar nicht gestellt werden.

Bühnengeschichte

Das rezeptionsgeschichtliche Debakel des *Egmont*-Dramas setzte sich in der Bühnengeschichte fort. Die ersten Aufführungen des Dramas blieben mehr oder weniger erfolg- und resonanzlos: die am 9. Januar 1789 in Mainz durch die Koch'sche Truppe genauso wie die am 15. März 1789 in Frankfurt. Selbst das renommierte, gleichwohl nicht unumstrittene Ensemble um den Grazer Joseph Bellomo (1752–1833) vermochte dem Stück nach der Weimarer Premiere vom 31. März 1791 nicht zum Durchbruch zu verhelfen. Und da das Trauerspiel auch nach nur einer Aufführung in Wien im selben Jahre wieder vom Programm abgesetzt wurde, schien das Urteil über die Bühnentauglichkeit des *Egmont* gefällt: Entweder würde es ein Schicksal als Lesedrama fristen, oder es müsste – wie der *Götz* – radikal umgearbeitet werden.

Schillers Bühnenbearbeitung

Goethe selbst konnte sich offenbar zu einer bühnengerechten Umarbeitung nicht aufraffen. Stattdessen bat er seinen neu gewonnenen Freund Schiller im September 1794 um eine Bühnenbearbeitung, die dieser erst knapp zwei Jahre später, aber in der erstaunlich kurzen Zeit zwischen dem 26. März und dem 7. April 1796 durchführte. Damit beginnt die eigene Geschichte des Schiller'schen Schauspiels auf der Grundlage des Goethe'schen Dramas, der hier aber nicht nachgegangen werden kann (vgl. Wagener 2005, S. 83–96; Sharpe 1982; Siedhoff 1983; Davies 2006).

Die Bearbeitung (vgl. Literaturhinweise) umfasst im Wesentlichen drei Punkte. Schiller reduziert durch Streichungen, Umgruppierungen und Kontraktionen das Stück auf drei Akte mit insgesamt acht und nicht mehr 13 Szenen. Dadurch konzentriert er sich stärker auf den Titelhelden im Sinne einer Charaktertragödie und eliminiert die Szenen mit Margarete von Parma und Machiavell, die Lieder Clärchens und – natürlich – die Traumszene. Zugleich fügt er

> »mehrere neue Szenen hinzu: Egmonts Sekretär Richard unterbricht das Beisammensein seines Herrn mit Clärchen, um ihm die Vorladung Albas zu überbringen und ihn zum letzten Mal zu warnen [...]; oder: Alba ist als Vermummter bei der Verlesung des Urteils im Gefängnis zugegen, und Egmont reißt ihm die Maske ab« (Wagener 2005, S. 84).

Auch sprachliche Änderungen nimmt er vor, wenn er Berichte in dramatische *actio* transformiert und durch Präzisierung szenischer Anweisungen das Mimisch-Gestische intensiviert. Alles wird somit auf die schicksalhafte Dramatik der Titelfigur zentriert und insgesamt auf Bühnenwirksamkeit ausgerichtet.

Erstaufführung 1796

Und der – wenn auch bescheidene – Erfolg bleibt nicht aus. Am 25. April 1796 findet die Erstaufführung unter Leitung von August Wilhelm Iffland, der selbst die Titelrolle spielte, und in Gegenwart Goethes statt. Allerdings wurde die Aufführung – »wahrscheinlich wegen Ifflands Abreise« (ebd.) – nicht wiederholt. Zudem missfielen Goethe einige allzu Effekt heischende Änderungen Schillers wie der vermummte und schließlich enttarnte Alba in der Kerkerszene. In den Gesprächen mit Eckermann (18. Januar 1825) wirft er Schiller vor, dass ihm »noch von den Räubern her ein gewisser Sinn fürs Grausame anklebte« (DKV, Bd. 5, S. 1245), sodass er sich nach dessen Tode 1805 zu

Rückführung der Bearbeitung 1806

einer Rückführung der Bearbeitung durchringt. In der Inszenierung, die am 31. Mai 1806 in Weimar aufgeführt wurde, sind alle von seinem Freund hinzugefügten Szenen wieder eliminiert, die Fünfaktigkeit wiederhergestellt und die Traumszene als Publikumswunsch wieder eingefügt worden. In dieser Fassung erlebte das Stück binnen zehn Jahren in Weimar und Umgebung insgesamt 21 Aufführungen.

Zwischenakt- und Bühnenmusiken

Auch die zu *Egmont* komponierten Zwischenakt- und Bühnenmusiken konnten dem Werk nicht zum Durchbruch verhelfen (vgl. Kap. Deutungsaspekte, S. 161). Weder die 1791 von Goethes vieljährigem Mitarbeiter Johann Friedrich Reichardt (1752–1814) geschaffenen Musikstücke, die wohl »erstmals 1801 in einer Berliner Aufführung erklang[en]« (DKV, Bd. 5, S. 1255), noch die kongeniale Partitur Ludwig van Beethovens (1770–1827), die als op. 84 in den Jahren 1809/10 entstand und in der Aufführung am 29 Januar 1814 zu Gehör gebracht wurde (vgl. DKV, Bd. 5, S. 1257), vermochten das Drama auch als mögliches Singspiel nicht nachhaltig auf deutschen Bühnen zu etablieren.

L. v. Beethoven

Der lange Schatten, den Friedrich Schillers Rezension über Goethes *Egmont* auf die Wirkungsgeschichte und das Bühnenschicksal dieses Dramas geworfen hat (vgl. Kap. Entstehungs- und Wirkungsgeschichte, S. 144), macht sich auch heute noch nachhaltig in der literaturwissenschaftlichen Auseinandersetzung mit dem Werk bemerkbar. Nicht so sehr Schillers genretypologische Zuordnung des Stückes als Charakterdrama beschäftigte die Forschung, sondern vielmehr der Vorwurf der fehlgeschlagenen Einheit des Dramas, der sich – so Schiller – aus der »bloße[n] Aneinanderstellung mehrerer einzelner Handlungen und Gemälde, die beinahe durch nichts als durch den Charakter zusammengehalten« (vgl. S. 145) werde, ergebe und sich durch den »salto mortale in eine Opernwelt« am Dramenschluss noch verschärfe.

Fehlgeschlagene Einheit des Dramas

Die nahezu zwanghafte Vorstellung vieler Literaturwissenschaftler und ihr Impetus, die von ihnen behauptete Einheit des Stückes entgegen Schillers Meinung fast um jeden Preis nachweisen zu wollen, führte zunächst zur Kennzeichnung der Tragödie als *politisches* Drama. Das Sujet, das Personal mit hochgestellten geschichtlich-politischen Figuren wie Margarete von Parma, Wilhelm von Oranien, Egmont und Herzog Alba sowie die sorgfältig ausgearbeiteten Volksszenen bestimmten einen solchen – vorläufigen – wissenschaftlichen Konsens. Da die Titelfigur aber nach Meinung vieler Interpreten nicht allein im Politischen aufgehe und auch die dramatische *actio* sich auf drei verschiedenen Ebenen bewege, suchte man die wie auch immer geartete Einheit in einem strukturbildenden Prinzip jenseits der Personen- und Handlungsebene. Mit dem Aufweis der dramatischen Einheit über das Politische hinaus oder gar ohne die politische Dimension wäre also auch eine andere genretypologische Zuordnung der Tragödie gefunden. Die Möglichkeit eines schon zum Erscheinungsjahr unzeitgemäßen, eines mittlerweile der herrschenden literarischen Kanonisierung entwachsenen Stückes mit allen Brüchen und Unstimmigkeiten wurde dadurch weitgehend ausgeblendet. Das von vornherein feststehende Erkenntnisziel überwucherte gleichsam den phänomenalen Befund.

Egmont als politisches Drama

Zeugnisse für diese Art literaturwissenschaftlichen Bemühens lassen sich für Goethes *Egmont* mannigfach nachweisen, ja sie bilden ihr eigentliches Zentrum. Hans-Jürgen Schings hat in seinem kurzen, aber pointiert formulierten Aufsatz (Schings 1993) die Entwicklung der *Egmont*-Forschung in den vorausgegangenen 25 Jahren dahingehend apostrophiert, dass zwei verschiedene Deutungsstränge ausfindig gemacht werden könnten: »Man klammert [...] die verbleibenden politischen Irritationen entweder aus oder integriert sie in eine überpolitische Konzeption Egmonts.« (Ebd., S. 71, Anm. 52) Die Überwindung oder Transformierung der politischen Intention in eine umgreifende, meist ideelle genießt hierbei den Vorzug. H.-J. Schings

Schon zu Beginn des letzten Jahrhunderts rückt das Politische in den Fokus der Interpreten. Fritz Brüggemann (1925) und Georg Keferstein (1937) sehen aus unterschiedlichen Blickwinkeln das Scheitern des dramatisierten niederländischen Freiheitskampfes. Egmonts extremer Subjektivismus und sein unerschütterlicher Glaube an die bürgerliche Maxime von »Ordnung und Freiheit« machten ihn blind für die Gefahren eines heraufziehenden despotischen Absolutismus. Schlimmer jedoch als die Unbekümmertheit dieses aus dem Geiste des Sturm und Drang geschaffenen Helden – so Brüggemann – sei die Unfähigkeit des Bürgertums zur politischen Selbstbestimmung, wie aus der gezeigten Uneinigkeit der Bürger und dem vergeblichen Versuch Clärchens zur Befreiung Egmonts deutlich werde. *Egmont* sei somit die »Tragödie des versagenden Bürgertums. Furchtbar und niederschmetternd ist die Kritik, die Goethe in dieser Dichtung am Bürgertum übt, furchtbarer als an Alba und dem ganzen absolutistischen Regime.« (Brüggemann 1925, S. 165) Und darum wirke auch die Traumvision am Schluss nur akademisch, wenig überzeugend und integriert, sodass Brüggemann als einer der wenigen Ausnahmen unter den Literaturwissenschaftlern mit Schiller die Einheit des Dramas nicht zu sehen vermag. Im Gegenteil: Die Schlussapotheose stehe auch F. Brüggemann

> »künstlerisch zu dem Gesamteindruck der Dichtung in einem Widerspruch, der der Einheitlichkeit des Kunstwerkes Abbruch tut und uns nur allzu lebhaft fühlen läßt, wie verschiedene Zeiten in Goethes eigenem Leben an dieser Dichtung mitgewirkt haben« (ebd., S. 169).

Über die genaueren Gründe, die nach Brüggemann zum Scheitern Goethes an und mit diesem Drama geführt haben könnten, wird später noch zu handeln sein (vgl. S. 164).

G. Keferstein

Andere Akzente setzt Keferstein. Er sieht mit Rückgriff auf Friedrich Gundolfs Goethe-Biographie (vgl. Literaturhinweise) im »unverantwortlichen Dämonismus« der Titelfigur den zentralen Grund für das Scheitern Egmonts und der ihm anvertrauten Sache. Weil er keine objektive Verantwortung kenne und nur seinem »allersubjektivsten Gewissen« verpflichtet sei, könne er die ihm zukommende Aufgabe nicht lösen. Er handle letztlich als unpolitischer Mensch. Goethe habe deshalb

Egmont: ein polit. Dilettant?

> »in seinem Drama den politischen Dilettanten mit Liebe und Sympathie gezeichnet und [...] ihn völlig ernst genommen, hat infolgedessen die echte Tragik des politischen Dilettanten, des unpolitischen Führers, gestalten können, während Schiller (in seiner Besprechung) dieses Verständnis für die Tragik des Unpolitischen abgeht« (Keferstein 1937, S. 346).

In der überpolitischen Schicksalsgebundenheit Egmonts, die Goethe selbst mit dem problematischen Begriff des Dämonischen auszudrücken versucht war (s. u.), sieht Keferstein die eigentlich tragische Dimension des Stückes: »unpolitische Individualität und politische Notwendigkeit stehen tragisch gegeneinander und gelangen in dieser Welt zu keiner Harmonie« (ebd., S. 349).

B. v. Wiese und der Begriff des Dämonischen

Benno v. Wiese rekurriert in seiner Deutung des *Egmont* ausschließlich auf den oben angeführten Begriff des Dämonischen, den Goethe in den *Gesprächen mit Eckermann* über vier Jahrzehnte nach dem Erscheinen des Dramas entwickelte (v. a. in den Gesprächen vom 6. 12. 1829 sowie vom 18.2, 2.3. und 8. 3. 1831) und mit dieser Tragödie in Beziehung brachte. Dieser das Individuelle, das Charakteristische einer jeden Person bezeichnende Begriff, aus dem das Schicksal sich speise, sei für Egmont die »Quelle des Dämonischen und des Tragischen zugleich« (v. Wiese 1974, S. 84). Jenseits solcher begrifflicher Unschärfen scheint es sinnvoller zu sein, auf die Bedeutung des griechischen Wortes Δαιμων zu verweisen, mit dem einerseits die das menschliche Handeln bestimmenden Triebkräfte oder Triebfedern, andererseits – in einer späteren Bedeutungsvariante – das nicht Fassbare, das Unheimliche an ihnen bezeichnet wird.

Derart seien im Drama sowohl Egmont als auch Alba ihrem jeweiligen Δαιμων ausgeliefert. Egmont werde mit zwei verschiedenen Formen des Dämonischen konfrontiert, die zu seinem Untergang führten: »die *Dämonie der Seele*«, die aus seinem Subjektivismus die politische Dimension weitgehend ausblende, und »die *Dämonie des unpersönlich gewordenen politischen Machtwillens*« (ebd., S. 85). Zum tragischen Konflikt komme es, weil die »unpolitische Dämonie der Einzelseele [...], die den ›inneren Kern ihrer Eigenheit‹ gegen fremde, von außen herangetragene Machtansprüche bewahren will, und die politische Dämonie des spanischen Despotismus, der die vernünftige Ordnung nur als Maske eines abstrakt gewordenen Machtwillens benutzt« (ebd.), aufeinandertreffen. In diesem Konflikt könne Egmont nur zum Opfer werden, weil er die gegen ihn gerichteten Pläne und Aktionen nicht zu durchschauen vermöge. Damit sei jedoch die behauptete Einheit des Dramas noch nicht nachgewiesen.

Benno v. Wiese meint deshalb, die Intention, die Goethe mit dem Trauerspiel verfolgte, zu kennen, wenn er dem Autor die Absicht unterschiebt, dass dieser das »Verhängnis der Seele [...] mit den politischen Ordnungen aussöhnen« (ebd., S. 88) möchte. Und weil Egmonts angeblich »unpolitischer Tod« doch noch einen »stellvertretenden Sinn für die politische Freiheit der Zukunft« (ebd.) der Niederländer haben soll, biete Goethe die Schlussallegorie auf. Auch wenn diesem Ausgang etwas Traumhaftes anhafte, so versuche Goethe doch noch, »das Recht der Natur mit den geschichtlichen Mächten zu versöhnen« (ebd., S. 89). Solcherart wähnt man schon Hegels ›List der Vernunft‹ im geschichtlichen Prozess am Werke, die darin bestehen mag, dem Tod Egmonts einen historischen Sinn und dem Drama die verlorene Einheit wiederzugeben.

Marxistisch orientierte Deutungen

Der Begriff des Dämonischen wird für marxistisch orientierte Literaturwissenschaftler in der zweite Hälfte des 20. Jahrhunderts zum Einfallstor für die Vereinnahmung Goethes. Um das Verhältnis zwischen Freiheit und Notwendigkeit im Denken und in den Werken Goethes bestimmen zu können, erklärt man ihn nolens volens zum dialektisch ausgerichteten Geschichtsforscher, der die Gesetzmäßigkeit historischer Verläufe zu seinem

E. Braemer Metier gemacht habe. Edith Braemer behauptet deshalb, dass Goethe den Begriff des Schicksals später durch den des Dämonischen erweitert und »dialektisch« (sic!) vertieft habe, stelle doch dieser Begriff nichts anderes dar »als einen vorwissenschaftlichen Versuch Goethes, auch für die Geschichte eine Gesetzmäßigkeit zu finden« (Braemer 1960, S. 1022), die auch den Zufall einschließe. Eine derartige

> »Erweiterung des Begriffs, die Goethe praktisch-dichterisch bereits vornahm, bevor er sie theoretisch formulierte, machte sich notwendig, als er sich bemühte, die niederländischen Unabhängigkeitskriege und Egmont unter dem Aspekt eines gesetzmäßig verlaufenden Prozesses zu erfassen, der aber für seinen Helden gar nicht und für ihn selbst nur ahnungsweise erfaßbar sein konnte« (ebd., S. 1021).

Anstatt nach solchen Aussagen die wissenschaftlichen Bemühungen um Goethes *Egmont* abzubrechen, schlägt nunmehr die Stunde der dialektischen Volten. Die Plan- und Konzeptionslosigkeit des Helden stehe nämlich in einem fruchtbaren Spannungsverhältnis zum Plan der Tragödie, sodass Egmont gerade in seiner höchst subjektiven Individualität das geschichtliche Gesetz vollziehe.

> »Seine Spontaneität treibt ihn zwar selbst in den Tod, aber zugleich ist sie das Vehikel, das ihn, wiewohl ›blind‹, den richtigen Weg gehen läßt. Das ist der Weg aufs Schafott, der zugleich für die Niederländer das Tor zur Freiheit öffnet.« (Ebd., S. 1024)

Dieser Schicksalsbestimmtheit im Sinne eines historisch notwendigen Prozesses unterliege nicht nur Egmont, sondern auch Alba, seien doch beide von ihrem jeweiligen Dämon, jener vom »positiven«, dieser vom »negativen« getrieben, da er »dem notwendigen Gang der Geschichte entgegenstrebt« (ebd., S. 1022). Offenbar übersieht die Interpretin, dass im Sinne des dialektischen Materialismus Albas Sieg über Egmont allererst den Weg freimacht für die Beseitigung der überkommenen Privilegien der Niederländer, die als Voraussetzung für einen despotischen Absolutismus und dessen revolutionärer Überwindung notwendig ist. Gleichwohl – führt Braemer weiter aus – sorge die Schlussapotheose des Dramas für die notwendige Perspektive, um das

Ziel des gezeigten Prozesses, die Freiheit der Niederlande, augen- und sinnfällig zu machen. Insofern sei der »visionär-perspektivische Schluß [...] unumgänglich notwendig« (ebd., S. 1027). Die Notwendigkeit der Allegorie entspreche der Gesetzmäßigkeit des historischen Prozesses. Dass derart *Egmont* zu einem Geschichtsdrama mit politischer Dimension umfunktioniert wird, kann genauso ignoriert werden wie der riesige Erkenntnisfortschritt von Brüggemann zu Braemer, der darin besteht, dass die Tragödie keineswegs die des »versagenden Bürgertums«, sondern die »eines noch nicht kampfbereiten Bürgertums« (Braemer 1960, S. 1026) sei.

Egmont als Geschichtsdrama mit polit. Dimension

Zu ähnlichen Blüten kommt es auch bei anderen marxistischen Literaturwissenschaftlern, die das Drama ausschließlich als literarisches Vehikel im Kontext der geschichtlichen Entwicklung, d. h. des revolutionären Kampfes der Arbeiterklasse sehen. So avanciert bei Horst Hartmann der Provokateur Vansen zur »Gestalt mit dem entwickeltsten revolutionären Bewußtsein« und beweise damit seine Erkenntnis, »daß nur die Anwendung von Gewalt die nationalen Rechte der Niederlande zu sichern vermag« (Hartmann 1967, S. 52). Und Hans Dietrich Dahnke vereinnahmt Goethe gleich als weitsichtigen Betrachter und Analysten historischer Prozesse, der die Notwendigkeit des Untergangs der Epoche eines Oranien oder Egmont eingesehen habe und dramatisch gestalte (vgl. Dahnke 1970, S. 71 f.). Selbst nahezu 20 Jahre später wird *Egmont* immer noch für den geschichtlichen Prozess der Entwicklung der Klassengegensätze instrumentalisiert, wenn Renato Saviane den Helden von Gravelingen und St. Quentin kurzerhand zu einem Muster »tief verwurzelte[r] pazifistische[r] Überzeugung« erklärt. »Egmont opfert sich nicht im Namen der Rebellion, sondern im Interesse der Verteidigung der friedlichen bürgerlichen Gesellschaft.« (Saviane 1987, S. 58 f.) Und mit einem derart fortgeschrittenen Bewusstsein könne man auch Goethe eine bedeutsame Neueinschätzung der Arbeit des Bürgertums sowie der Verteidigung einer friedlichen Gesellschaft in Wohlstand und sozialem Frieden (ebd., S. 68 f.) attestieren.

H. Hartmann

H. D. Dahnke

R. Saviane

Dass mit solchen Ideologie getränkten Ergebnissen die poetologischen Probleme des Stückes und hier die Frage nach der dramatischen Einheit nicht gelöst werden konnten, erkannte alsbald auch die sog. bürgerliche Literaturwissenschaft, die zu Beginn der 1970er Jahre eine neue Phase intensiver *Egmont*-Forschung einleitete. So rechnete Peter Michelsen detailliert mit den inakzeptablen, weil widersprüchlichen Ergebnissen der materialistischen Literaturwissenschaftler ab (Michelsen 1971, S. 276, Anm. 4 und 5; S. 279, Anm. 10 u. ö.), um mit einem allerdings diffusen methodischen Ansatz die genretypologische Einordnung des Dramas als politische Tragödie zu überwinden. Allzu schmal sei nämlich das Handlungsgerüst, das Personal überwiegend untätig, die Chancen für Aktionen im politischen Bereich würden nicht genutzt oder aufgegriffen und die Verhaftung Egmonts durch Alba stehe von vornherein fest. Mit diesen Voraussetzungen sei das Stück eigentlich zum Scheitern verurteilt, wenn dann die visionäre Traumerscheinung noch zusätzlich mit ins Kalkül gezogen werde. Diese finale Steigerung des Dramas ins Visionäre aber manifestiere seiner Meinung nach die Trennung von Politik und Poesie und »deute auf den idealen Charakter des Gemeinten« (Michelsen 1971, S. 283) hin. Denn die Möglichkeit einer Aussöhnung zwischen Fremdherrschaft und Selbstbestimmung, zwischen Adel und Bürger, zwischen Fürsten und Regierten vermag Michelsen im Drama auch nicht zu erkennen. Nur das

P. Michelsen

> »Ideal e r s c h e i n t als Erfüllung, als ein – wenn auch nur allegorisch, so doch auch in den die Seele des Helden ganz ausfüllenden Worten sich offenbarender – Triumph über den Tod.« (Ebd., S. 284)

Egmonts Haltung speise sich nämlich nicht aus politischem Kalkül, sondern beruhe auf der in allen menschlichen Begebenheiten fortwirkenden »Macht des Mythischen«, die Goethe im Dämonischen walten sieht. Egmont sei demnach nicht einfach dem Dämonischen ausgeliefert, sondern vertraue sich ihm an, unterwerfe sich ihm und gewinne dadurch seine Freiheit, wie er selbst im großen Schlussmonolog mit seiner bewusst apostrophierten Erd- und Naturverbundenheit in pandämonischer Haltung bestätige.

> »Verderbenbringend ist sie zugleich voller Gefahren für den, der sie genießt: als eine *fürchterliche Freiheit* (wie Egmont sie

nennt) ist sie Ausdruck des Inne- und Einsseins mit den Elementen, des Bundes mit der Erde, mit jenem Bereich der Natur, den man später ihre *Nachtseite* nennen sollte.« (Ebd., S. 296)

Gänzlich anderen Sinnes ist Jürgen Schröder.

J. Schröder

»Dieses Werk, das im Laufe seiner dissonanten Wirkungsgeschichte so oft in den Verdacht geriet, weder ein historisches Drama noch ein politisches Freiheitsdrama zu sein, ist in Wahrheit ein besonders durchdachtes und potenziertes Geschichtsschauspiel.« (Schröder 1981, S. 103)

Egmont als Geschichtsschauspiel

In ihm werde nicht nur die Umbruchphase der niederländischen Erhebung gegen die spanische Fremdherrschaft im 16. Jahrhundert gezeigt, sondern mit der Titelfigur auch des Autors persönliche Geschichtserfahrung und »vorrevolutionäre Geschichtshoffnung« (ebd., S. 106) am Ende des 18. Jahrhunderts, d. h. am Vorabend der Französischen Revolution. Und deshalb sei Egmont als »idealtypisches Inbild« (ebd.), als symbolische Figur für Goethes Geschichtsverständnis aufzufassen. In ihr werde der symbolische Repräsentant

»der in sich geschlossenen, bürgerlich-niederländischen Geschichtswelt, die durch den Einbruch des spanischen geschichtszerstörenden [?] Despotismus aus ihrem naturgeschichtlichen [?] Zustand allererst erweckt und für eine künftige historische Auseinandersetzung und Selbstverwirklichung disponiert« (ebd., S. 108).

Angesichts solcher Perspektiven verwundert es kaum noch, dass sich Schröder dem Urteil Horst Hartmanns, das Drama sei eigentlich eine »optimistische Tragödie« (Hartmann 1967, S. 72), anzuschließen scheint.

Egmont als »optimistische Tragödie«

Dieser Einschätzung widerspreche auch weder die nahezu aktionslose Handlungsstruktur noch die lange angezweifelte Ökonomie des Stückes, handelt *Egmont* doch im Wesentlichen von einem intensiven *inneren* Drama v. a. in den beiden letzten Akten. Hier gelange

»Egmont (aber auch Clärchen) mehr und mehr zum Bewußtsein seiner Wesenseinheit mit Volk und Freiheit der Niederlande (IV. Aufzug) und damit zum vollen historischen Bewußtsein seiner selbst, seiner exemplarischen Identität« (ebd., S. 109).

K. Ziegler Mit Rückgriff auf Klaus Zieglers (vgl. Literaturhinweise) spezifische Bestimmung der politischen Dimension im *Egmont*, die er in den von Egmont angedeuteten republikanischen Prinzipien im Dialog mit Alba sieht, und mit Rekurs auf das ästhetische Urteil Karl Philipp Moritz' (1756–1793) über den Schluss des 3. Akts (»Hier sei der höchste Punkt des Stücks. *Er und Clärchen*. Politik ist ihm nichts gegen *dieses* Verhältnis.«) verlagert Schröder den Schwerpunkt des Dramas in die Mitte und erst in zweiter Linie auf den Schluss. Die eigentliche politische *actio* vollbringe in den ersten zwei Akten der oft als Aufwiegler und Provokateur verkannte Vansen, der ohne konkreten Textbezug flugs zum »künftige[n] politische[n] Führer« und zum »schillernde[n] intellektuelle[n] Sprecher des revolutionären [sic!] Volkes« (ebd., S. 111) avanciert, und im 5. Akt Clärchen. Egmont selbst komme im Kerker »durch die Begegnung mit dem Tod, durch die schmerzhafte Auseinandersetzung von Natur und Geschichte in seinem Innern zur *historischen Selbsterfahrung*« (ebd., S. 113). Dadurch begreife er sich als Teil der Gemeinschaft mit seinem Volk, der Freiheit und der Liebe in Gestalt Clärchens – eine Erfahrung, der auch Goethe mit »seiner poetischen Aneignung der Geschichte« zuteil geworden sei.

> »Denn was Goethe mit dem ›Egmont‹ insgesamt geleistet hat, die poetische Aneignung und lebendige Vergegenwärtigung von geschichtlicher Vergangenheit –, darin wirken nun Dramatiker und sein Geschöpf harmonisch zusammen: in der poetisch-musikalischen Aneignung und Vergegenwärtigung der geschichtlichen *Zukunft*.« (Ebd., S. 114)

Sieht noch Michelsen die Einheit des Dramas in der Trennung von Politik und Poesie sowie in der Idealisierung der Freiheit über den Tod hinaus gewährleistet, so steht für Schröder der *Egmont* als »schönste poetische Erlösung der Geschichte«, weil hier noch Kunst und Geschichte miteinander harmonierten. In der doppelten triadischen Zeitstruktur, die den Titelhelden und seinen poetischen Schöpfer gleichermaßen kennzeichne und – so darf man hinzufügen – ein Wesensmerkmal der Elegie darstellt, lässt sich dialektisch und texttranszendierend jeder strukturelle Riss kaschieren. Vielleicht steht der Schritt von der »optimistischen Tragödie« zum elegischen Welttheater als neues Genre des Trauerspiels noch bevor.

Um die Einheit des Dramas zum wiederholten Male zu retten, will Hartmut Reinhardt ohne dialektische Argumentationen auskommen und sich dem Stück weder entstehungsgeschichtlich noch gattungspoetisch nähern, sondern »durch eine Analyse des Schlusses Verstehensperspektiven« (Reinhardt 1980, S. 122) entwickeln, die die Traumvision als gleichsam organisch in den Handlungskontext integriert nachweisen. Über diese handelt er zunächst auf textinterner Ebene, indem er zwei wesentliche Formelemente des Traumes herausstellt, um sodann nach textexternen Strukturen zu fragen.

H. Reinhardt

Die beiden konstitutiven Formelemente sieht er zum einen im ›sprechenden‹ Bild der Traumerscheinung und des Traumpathos, das sich sukzessive durch Sprache konstituiert, sodass der poetische Vorgang selbst gezeigt werde, oder anders ausgedrückt: Die emblematische Struktur der Traumvision, die Apotheose der Freiheit, generiert sich über die Objektivierung der *inscriptio*, der Bildinschrift, zur *pictura*, zum Bild selbst. Das zweite Formelement sei die Musik. Nicht nur habe Goethe seine Kompositionswünsche für den *Egmont* in seinem Brief vom 14. August 1787 an den Tonsetzer Philipp Christoph Kayser (1755–1823) präzisiert (vgl. Wagener 2005, S. 63), sondern das Drama weise auch opernhafte Züge auf und die Dialoge »drängen von sich aus zum musikalisierten Tableau« (ebd., S. 126), wie Paul Böckmann (1966) und Elizabeth M. Wilkinson (1962) nachgewiesen hätten.

Konstitutive Formelemente: Traum u. Musik

Opernhafte Züge

Den textexternen Bereich betritt Reinhardt über die biographische oder – wie er es ausdrückt – die »lebensgeschichtliche« Schiene. Weil Goethes Italienaufenthalt zwischen 1786 und 1788 ihm als eine »Reise ins gelobte Land des Südens [und] als ein Wirklichkeit gewordener Traum« (ebd., S. 127) erschienen sei, stehe sein ›italienisches‹ Leben

> »in innerer Beziehung zu einem Drama, in dem ein Traum in sich schon die Erfüllung bringt und von der Realität gleichsam abgeschirmt bleibt, zu einer Struktur also, die das Innerste des Subjekts zu welthafter Gegenständlichkeit zu erheben scheint« (ebd., S. 128).

Diese gleichsam biographische Überdeterminierung des Dramenschlusses werde gestützt durch die literarische Kontextuierung. Denn es sei keineswegs unbedeutend, dass Goethes erneute Beschäftigung mit dem *Egmont* und dessen »römische Vollendung« auf die Umarbeitung der *Iphigenie* folgten. Diese Wendung, die im Kapitel der Entstehungsgeschichte bereits als Dominantenwechsel bezeichnet worden ist (vgl. S. 141), lasse sich nach Meinung Reinhardts als Strukturmerkmal des *Egmont* nachweisen. Die im Dramenschluss sich verändernde Titelfigur könne als Sinnbild des eigenen Künstlertums angesehen werden.

> »In solchem Sinne ergreift Goethe in der Figur Egmonts sein eigenes Künstlertum mit aller naturgegebenen Schaffenskraft im lebensgeschichtlichen Augenblick seines Versinkens – er ergreift es und gewährt ihm eine Erfüllung im Traum, freilich *nur* im Traum.« (Ebd., S. 130)

Gerade mit Rekurs auf den künstlerischen Wandel, den Goethe während seines Italienaufenthaltes erfahren habe, griffe es zu kurz, solche sinnbildlichen Bezüge nur auf den *Egmont* beschränken zu wollen. Vielmehr seien sie auf alle an dieser Umbruchphase beteiligten Werke zu beziehen, und zwar konkreter nicht auf den Stoff, sondern auf dessen jeweilige poetisch-künstlerische Gestaltung, die nicht in der Funktion für das Dramenganze aufgehe. Diese

> »wird in ihrer Komplexität fassbar, wenn man sie aus dem ›Römischen Element‹ heraus als eine Selbstvergegenwärtigung des eigenen, mit den *Egmont*-Anfängen verbundenen jugendlichen Künstlertums durch Goethe begreift. Was dem träumenden Egmont geschieht, ist ja nichts anderes als eine Spiegelung von Goethes dichterischem Tun: der Verwandlung des Lebens in ein Bild. […] Damit wird der Egmont des Dramas nicht zum Dichter umstilisiert, aber doch die verdeckte Künstlerthematik im Bild festgehalten, die für Goethe in der rekapitulierenden Arbeit an diesem Drama wichtig geworden ist.« (Ebd., S. 130)

Egmont als Künstlerdrama

Gleichwohl: Goethes *Egmont* – ein Künstlerdrama?! Eine solch kühne Kennzeichnung der Tragödie überrascht, verblüfft jedoch nicht, hält Reinhardts Argumentation einer genaueren Überprüfung nämlich nicht stand. Zunächst ruft eine biographische Interpretation immer das Problem der Vermittlung hervor, d. h., welche konkreten Textstrukturen oder Textelemente können als biographisch überdeterminiert nachgewiesen werden. Die Konzentration nur auf die abschließende Traumvision birgt für den *Egmont* sogleich ein weiteres Problem: Wie können die unbestritten episch-berichtend angelegten Volksszenen in den ersten drei Akten sowie die (hoch)politischen Dialoge zwischen Egmont und Oranien und v. a. zwischen Alba und Egmont funktional und damit die politischen Probleme widerspruchsfrei in eine solche Künstlerproblematik integriert werden? Angesichts solcher Fundamentalprobleme kommt es fast schon gar nicht mehr »darauf an, wie die spätere integrierende Sicht der ›römischen Vollendung‹ mit den früheren Ansätzen vermittelt ist«, kann doch – wie Reinhardt selbst einräumen muss – »dieser Vorgang nicht überprüft werden, weil kein ›Ur-Egmont‹ überliefert ist, der allein die sichere Basis eines Vergleichs abgeben könnte« (ebd., S. 130). Und schließlich muss – methodologisch – gefragt werden, ob die Isolierung derjenigen Verweisungselemente im Text, die die Künstlerthematik tragen sollen, auf ihre bloße Autofunktion d. h. auf den Stellenwert, den dieses Element im Verhältnis zu analogen Elementen anderer Werksysteme besitzt – die Synfunktion als das Verhältnis zu anderen Elementen des gegebenen Systems hat Reinhardt ja schon eliminiert – sinnvoll und zulässig ist. Der behauptete poetologische Hinweis auf Probleme des Einsatzes für das Sujet adäquater künstlerischer Verfahren in der Schlussallegorie ist nicht per se ein Indiz für eine wie auch immer geartete Künstlerproblematik. Sonst nämlich wären alle Texte, die auf Schwierigkeiten der literarischen Gestaltung oder Sujetfügung verweisen, eo ipso solche, denen als Sujet künstlerische Probleme zugrunde liegen. Und sujetunabhängige oder sujetfreie künstlerische Verfahren innerhalb eines literarischen Textes sind kaum denkbar. Genauso ist es methodisch nicht legitim, »einzelne Elemente aus einem System herauszureißen und sie [...] ohne Berücksichtigung ihrer konstruktiven Funktion auf die analoge Reihe eines anderen Systems zu beziehen« (Tynjanov 1967, S. 42).

Alle bislang dargestellten Versuche, die dramatische Einheit des *Egmont* über die genretypologische Klassifikation als politisches Drama, Geschichtsdrama, poetisch-geschichtsphilosophisches oder auch ideelles Drama der Versöhnung zwischen Kunst und Geschichte und sogar als Künstlerdrama zu retten, bleiben unbefriedigend, können zumeist als gescheitert angesehen werden. Dabei liegt die Lösung des Problems sehr nahe: nämlich im literarischen Kontext des Werkes. Auch wenn Goethes Bemerkungen, Klagen oder auch Erinnerungen über die *Egmont*-Problematik in seinen späteren Schriften *(Italienische Reise, Dichtung und Wahrheit, Gespräche mit Eckermann)* argumentativ nur mit Vorbehalt und Distanz zu würdigen sind, so handeln doch nahezu alle von (inner)literarischen Problemen entweder mit konzeptionellen Schwierigkeiten oder mit literarisch-kontextuellen Irritationen. Offenbar hängen sie damit zusammen, dass nicht nur diachron zwischen 1775 und 1787 ein Dominantenwechsel hinsichtlich der literarisch-künstlerischen Verfahren stattgefunden hat, sondern auch synchron, d. h. während Goethes Aufenthalt in Italien immer noch unterschiedlich favorisierte Verfahren abhängig vom Sujet angewendet werden: im *Götz* anders als im *Egmont*, hier anders als in der *Iphigenie*, und im *Tasso* anders als im *Faust*. Eine Analyse mit Hilfe eines synchronen Schnittes durch das Jahr 1787 würde Erstaunliches zu Tage fördern – auch über die Werke Goethes hinaus.

Der literarische Kontext von *Egmont*

Auf diesen mehr als plausiblen Zusammenhang wird in der Forschungsliteratur wiederholt verwiesen oder eingegangen, ohne dass dieser Weg konsequent zu Ende gegangen worden wäre. Auch den hier angeführten Interpreten ist die Problematik unterschiedlicher Stilebenen und wenig organischer Handlungssukzession im *Egmont* nicht entgangen. Wenn aber etwa Michelsen für dieses Drama meint festhalten zu müssen, »daß Goethe die unterschiedlichen Stile verschiedener (aus welcher Zeit auch immer stammender) Stellen nicht einfach additiv nebeneinander stellt, sondern sie – ihrer jeweiligen Funktion innerhalb des Ganzen gemäß – in einen sinnvollen Bezug zueinander setzt« (Michelsen 1971, S. 283, Anm. 22), so ist diese Behauptung als Mythisierung zu dekuvrieren, um die Einheit des Stückes doch noch retten zu wollen. Es gibt schlicht keine Möglichkeit zu überprüfen und nachzuweisen, ob und wie Goethe verfahren ist, um das von Michelsen geforderte sinnvolle Ganze des Werkes zu erreichen.

Problematik unterschiedlicher Stilebenen

Wenn des Weiteren Reinhardt völlig korrekt den römischen Goethe der Jahre 1786 bis 1788 um eine Revision, um eine Neuausrichtung seiner künstlerischen Verfahren bemüht sieht und im *Egmont* eine Umbruchphase vom *Götz* zur *Iphigenie* diagnostiziert, dann hat der Autor offenkundig mit »jugendliche[r] Spontaneität, also ›Geniekunst‹« gebrochen.

> »Das Kunstverhalten soll von dem Bemühen um objektive Verbindlichkeit durchdrungen werden, nichts ›Berlichingisches‹ mehr hinwerfen, sondern ›iphigenisch‹ formen.« (Reinhardt 1980, S. 129)

Und wenn sogar Saviane völlig richtig den *Egmont* in den unmittelbaren literarischen Kontext der Vollendung mit den anderen ›römischen‹ Werken *Tasso* und *Iphigenie* situiert, dann zieht nach seiner Meinung Goethe mit der *Iphigenie* zum ersten Mal

> »nach Beendigung seiner Sturm-und-Drang-Periode und nachdem er sich im ›Urfaust‹ und noch deutlicher im ›Prometheus‹ zum Pantheismus bekannt hatte, gegen die *metaphysischen* Positionen zu Felde, wobei er eine menschliche, genauer gesagt eine humanistische und aufklärerische Sicht der Realität verteidigt« (Saviane 1987, S. 47).

Egmont als Übergangswerk

In der Wahl der Sujets, poetologisch und literarhistorisch, weist also alles darauf hin, dass mit *Egmont* ein Übergangswerk entstanden und eine Phase des Umbruchs in Goethes Schaffen dokumentiert ist. Ein solcher Wandel, eine Änderung künstlerischer Ansichten geht in der literarischen Umsetzung nahezu immer einher mit strukturell labilen Texten sowie Irritationen bei Autor und Rezipient, bis sich die neuen künstlerischen Verfahren etabliert haben.

D. Borchmeyer

Auch Dieter Borchmeyer interpretiert den *Egmont* mehrfach (Borchmeyer 1977, 1980, 1987 u. DKV, Bd. 5, S. 1258–1266) und konsequent im Rahmen eines politisch überdeterminierten literarischen Kontextes. Primär richtet er hierbei seinen Blickwinkel ausschließlich auf die angeblich »politisch-rechtliche[...] Thematik« (Borchmeyer 1987, S. 52) in *Götz*, *Egmont*, *Iphigenie* und *Tasso*, ohne zu berücksichtigen, dass staats- oder verfassungsrechtliche Probleme keineswegs die Zentren dieser Dramen bilden, sondern nur – wenn auch wichtige – Motive in funktionalem Zusammenhang mit der dramatischen *actio*. Für Borchmeyer besteht das zentrale Erkenntnisinteresse nämlich im Nachweis, dass »[g]eschichtliche Vergangenheit und politische Gegenwart« ineinander gespiegelt werden, ohne dass eine getreue Abbildung historischer Verhältnisse angestrebt würde. Vielmehr avanciere ein Drama wie *Egmont* gerade in der Zeit seiner römischen Vollendung zu einem hochinteressanten »Zeitstück von brennender Aktualität« (ebd., S. 53), wenn man die Aufstände in den Österreichischen Niederlanden der Jahre 1787 und 1788 gegen die Politik des Kaisers Joseph II. mit denen des 16. Jahrhunderts parallelisiere, die die historische Basis für das Trauerspiel bilden. Darum bestehe für ihn kein Zweifel, »daß Goethes Darstellung der Politik Philipps II. in den Niederlanden eine Kritik an der Expansionspolitik Josephs II. und an der bürokratisch-rationalistischen Staatsverwaltung des aufgeklärten Absolutismus enthält, für die der Kaiser in Brabant nun die Quittung erhielt« (ebd.).

Egmont als aktuelles Zeitstück

Dieses politisch-staatsrechtliche Interesse Goethes, das Borchmeyer quasi als Subtext im *Egmont* eingeschrieben sehen möchte, gehe zurück auf dessen ministerielle Tätigkeit am Hofe des Herzogs Karl August am Weimarer Hof und auf den nachhaltigen Eindruck, den bestimmte Schriften des Staats- und Rechtstheoretikers Justus Möser auf den Dichter ausgeübt hätten. Insbesondere die Kernaussagen in dessen Aufsatz »Der jetzige Hang zu allgemeinen Gesetzen und Verordnungen ist der gemeinen Freiheit gefährlich« aus den *Patriotischen Phantasien* des Jahres 1772 (s. Literaturhinweise) könnten als staatspolitische Konstante im Leben Goethes angesehen werden. Hier wendet sich Möser gegen einen zentralistisch organisierten Staat im Sinne des aufgeklärten Absolutismus und favorisiert ein Gemeinwesen, in dem sich der Reichtum mannigfaltiger Kulturen und Bräuche entfalten könne. Borchmeyer sieht in der Übernahme und Verteidigung einer solchen Staatsauffassung die Maxime für das staatliche Handeln des jungen Goethe am Weimarer Hof.

Einfluss der Schriften von J. Möser

> »Das Vergangene mit dem Gegenwärtigen zu verknüpfen, dieses aus jenem abzuleiten – ›Veränderung‹, die das ›Herkommen‹ nicht untergräbt: konservativer Reformismus wird

> auch die Grundtendenz des politischen Wirkens Goethes seit 1776 sein.« (Ebd., S. 51)

Literarisch manifestiert sieht Borchmeyer Goethes Grundtendenz politischen Handelns v. a. im 4. Akt und hier im großen Dialog zwischen Alba und Egmont, aber auch in den Volksszenen des 2. Akts, d. h. in den Dialogen zwischen Vansen und den Brüsseler Bürgern. Und so steht für ihn fest:

> »Goethes politische Eindrücke und Einsichten während des ersten Weimarer Jahrzehnts, das so viel stärker von staatsmännischer und sozialreformerischer als von poetischer Tätigkeit geprägt war, haben hier ihren unmittelbaren Niederschlag gefunden.« (Ebd., S. 53)

Eine solche Generalthese bedarf jedoch entschieden der Differenzierung. Zum einen reicht es nicht aus, lediglich einzelne Szenen eines Dramas als relevant für die staats- und sozialpolitische Intention des Autors zu benennen, ohne nach dem synfunktionalen Zusammenhang mit den anderen Teilen des Textes zu fragen. Zum anderen bedeutet es – methodisch – eine unzulässige Verengung der Interpretationsperspektive, wenn wichtige Motive gleich zum Thema, zum zentralen Problem eines literarischen Textes erhoben werden. Borchmeyers radikal historisch-politische Deutung des *Egmont*, in der die Titelfigur gleichsam zum Sprachrohr der staatspolitischen Auffassungen des Autors avanciert, lässt die differenzierte, auf mindestens vier verschiedenen Ebenen (vgl. die dreifache Exposition und die Schlussapotheose) ausgestellte *dramatis persona* eindimensional erscheinen. Der liebende Egmont gar kommt überhaupt nicht in Borchmeyers Blick, und der große Bekenntnis- und Selbsterkenntnismonolog im 5. Akt bleibt ebenfalls unberücksichtigt. Zum dritten konzediert Borchmeyer selbst sein teilweise unhistorisches Vorgehen, wenn er Goethe unterstellt, dieser habe »seinen *Egmont* als eine Art poetischer Vorwegnahme [sic!] dieser Ereignisse empfunden« (ebd., S. 55) oder die »Szenen wie die zu Beginn des zweiten Aufzugs hätten sich auch im Brüssel der Gegenwart [1788] abspielen können« (ebd., S. 53). Argumentationen aus der Retrospektive in historischen Zusammenhängen haftet stets etwas Manipulatives an. Und viertens wird der Stellenwert, die Geltung der von Borchmeyer vorgelegten Ergebnisse verfälscht, wenn aus Anregungen, Einflüssen und Auffassungen für ein literarisches Werk oder aus mehr oder weniger eindeutigen Parallelen zwischen dem Autor und den ihn prägenden Gedanken anderer Theoretiker gleich Interpretationsergebnisse werden, wie der Interpret es im Kapitel »Deutungsaspekte« (DKV, Bd. 5, S. 1258–1266) niedergelegt hat. Der Nachweis von Übernahmen fremder Gedanken und Anregungen bedarf der literarischen Vermittlung im und am Text und erfordert vom Literaturwissenschaftler genuin literaturwissenschaftliche Arbeit sowie adäquate Methoden – und keinen Positivismus.

Selbst um die Jahrtausendwende sind die Auswirkungen der Schiller'schen *Egmont*-Rezension immer noch präsent. Ähnlich wie Borchmeyer und auch im Geiste der Erlösung der Geschichte durch die Poesie, wie sie Jürgen Schröder ausgebreitet hat (vgl. S. 159), erweitert Steffen Martus die engere Problematik der poetischen Einheit des Dramas um die Frage nach einer umfassenderen ästhetischen Ganzheit, die er v. a. im Bereich der Musik sieht.

Steffen Martus

> »Die musikalischen Elemente stellen dabei einen Schlüssel zum Verständnis von Sinn und Form des *Egmont* bereit, da die Musikalisierung der Poesie ein wesentliches ästhetikgeschichtliches Datum auch für die Ganzheitskonzeptionen bedeutet.« (Martus 1998, S. 46)

Die Kriterien für eine so geartete ästhetische Einheit nimmt er aus dem *Egmont*-Kontext, namentlich aus der von Caroline Herder übermittelten Stellungnahme Karl Philipp Moritz' zu Goethes Drama, in der dieser das perspektivische Zentrum des Stückes in der Mitte und nicht am Ende verortet habe: die Schlussszene des 3. Aktes, in der gezeigt wird, wie Clärchen den Ausführungen Egmonts über seine Identität und sein Rollenverständnis lauscht (vgl. S. 160). Da aber auch derart die geforderte Einheit des Stückes nicht nachgewiesen werden kann, verortet er sie – wie vorgeblich auch Goethe – in einem »geistigen Zentralpunkt« des Werkes. Er behauptet, Schiller habe seine *Egmont*-Kritik vor dem »Hintergrund der Musikalisierung und Verräumlichung der poetischen Ganzheitstheorie« (ebd., S. 48) verfasst, weil auch für Goethe

> »die Theatermusik wesentlicher Bestandteil des *Egmont* [war], wie sich an seinen vergeblichen Bemühungen um die

> Komposition Philipp Christoph Kaysers sehen läßt, und zwar [...] aus ganzheitsästhetischen Gründen« (ebd., S. 49).

Diese ästhetische Ganzheitstheorie, wo auch immer sie ausformuliert worden ist, umfasse für *Egmont* sowohl den dramatischen Text als auch die Zwischenaktmusiken, die lyrischen Einlagen und besonders die Traumvision mit der ›Siegessymphonie‹.

> »Daher ist die Schlußszene des *Egmont* – so referiert Goethe die Publikumsneigung – in erster Linie ein ästhetischer Erfolg, auch wenn sie vor dem Hintergrund des Dramengeschehens politisch als Desaster erscheint. Die Siegessymphonie ›bezeichnet‹ den Sieg der Kunst, weniger den des Todeskandidaten.« (Ebd., S. 61)

Martus verlagert also Schillers poetisches Problem der Einheit der Handlung aus dem Geiste Aristoteles' und Lessings auf eine nicht präzis und konkret bestimmte ganzheitsästhetische Ebene.

Steffan Davies beschreitet einen anderen Weg, indem er aus der Schiller'schen Bearbeitung des Goethe'schen Werkes poetische Kategorien meint ableiten zu können, die solchen der Weimarer Klassik entsprächen, wie sie in Goethes *Iphigenie* und *Tasso* und später auch in Schillers *Wallenstein* wirksam seien. Durchaus zutreffend sieht er in der *Egmont*-Rezension Schillers dessen eigene Probleme mit der Einheit des dramatischen Werkes durchscheinen, wie sie im 1787 erschienenen *Don Karlos* wirksam werden (vgl. Kap. Entstehungs- und Wirkungsgeschichte, S. 145). Derart hoch sensibilisiert für Schwierigkeiten mit der Motivierung von Personen und ihren Handlungen habe Schiller in seiner Dramen-Bearbeitung versucht, durch ein konsequenter strukturiertes Handlungsgefüge und stärker motivierte Personen den *Egmont* von Prinzipien des Sturm und Drang wegzurücken und denen der klassischen Ästhetik anzunähern, »aus dem Charakterdrama des Sturm und Drang etwas Neues zu machen« (Davies 2006, S. 18). Über dieses ›Neue‹ hüllt sich Davies jedoch in Schweigen und muss sogar einräumen, dass die Steffan Davies

> »klassische Ästhetik – wenige Personen, die aufeinander reagieren, die Prinzipien verkörpern, anstatt sich lediglich auf sie zu berufen; die Motivierung der Personen von innen, nicht

> von außen her; die Handlung innerhalb des Dramas zentriert –, diese Ästhetik [...] die Goethes geworden [war]. Sie gibt das Muster für *Iphigenie auf Tauris* (1787) und *Torquato Tasso* (1790), die beide lange vor dem Bündnis mit Schiller entworfen wurden.« (Ebd., S. 19)

Von einer »Nähe« des Schiller'schen *Egmont* zu Goethes Klassik kann aber schon deshalb nicht die Rede sein, weil weder die Umarbeitung des Goethe-Dramas fundamentale Schwächen der Handlungsstruktur und Personenführung tilgen konnte noch dominantes Wirken von Prinzipien der klassischen Ästhetik in ihr nachweisbar wäre. Gerade mit dem Hinweis Davies' auf den unmittelbaren literarischen Kontext des *Egmont* ist dem Versuch, in der Schiller'schen Bearbeitung von 1796 (!) einen Anteil an der Entwicklung angeblich gemeinsamer ästhetischer Kategorien der Weimarer Klassik zuzubilligen, der Boden entzogen.

Alle Versuche also, die dramatische – und man darf wohl auch mittlerweile sagen – die ästhetisch-stilistische Einheit des *Egmont* zu retten, sind fehlgeschlagen. Dies verwundert auch nicht, wenn man Goethes textinterne und literarisch-kontextuelle sowie biographische, politische und berufliche Probleme in seiner Zeit des ersten Weimarer Dezenniums auffächert, die während seiner Italienreise 1786 bis 1788 kumulieren und zu einer Entscheidung drängen. Goethe war selbstbewusst und selbstkritisch genug einzusehen, dass er die poetischen und ästhetischen Probleme dieses noch aus dem Sturm und Drang überständigen Werkes zu lösen weder imstande noch willens war (vgl. diese Problematik unter dem Aspekt literarischer Evolution: Kap. Entstehungs- und Wirkungsgeschichte, S. 140f.), sodass er es in der überlieferten und selbst nach Schillers Umarbeitung wieder rekonstituierten Textgestalt beließ. *Egmont* bleibt somit ein wichtiges literarisches Dokument für ein problematisches Übergangswerk in der dichterischen Entwicklung seines Autors und für die Umbruchphase vom Geniezeitalter zur Weimarer Klassik.

Literaturhinweise

A. Erstdruck und Textausgaben

Goethe: Egmont. Ein Trauerspiel in fünf Aufzügen. Leipzig, bey G. J. Göschen, 1788. [Einzeldruck].

Goethe's Schriften. Bd. 5: Egmont, Claudine von Villa Bella, Erwin und Elmire. Leipzig: Göschen 1788.

Goethes Egmont-Handschrift. Hg. v. Wilhelm Hansen. Berlin [1939]. [25 S., 168 S. Facsimile].

Goethe's Werke. Vollständige Ausgabe letzter Hand. Bd. 8: Götz von Berlichingen, Egmont. Stuttgart/Tübingen: Cotta 1827.

Goethes Werke. Hg. im Auftrage der Großherzogin Sophie von Sachsen. Abt. I. Bd. 8: Götz von Berlichingen, Egmont. Weimar: Böhlau 1889. [Als hist.-krit. Gesamtausgabe angelegte Weimarer oder Sophien-Ausgabe. Egmont: S. 171–306].

Johann Wolfgang Goethe: Gedenkausgabe der Werke, Briefe und Gespräche, Bd. 6: Die Weimarer Dramen, Zürich/Stuttgart ²1962 [Egmont: S. 9–101; Einführung von Kurt May: S. 1135–1148].

Johann Wolfgang von Goethe. Werke. Hg. v. Erich Trunz. Bd. 4: Dramatische Dichtungen II. Textkritisch durchgesehen und kommentiert v. Wolfgang Kayser, München ¹³1994 [Hamburger Ausgabe. Egmont: S. 370–454 u. 614–659].

Johann Wolfgang Goethe. Sämtliche Werke. Briefe, Tagebücher und Gespräche, [Bd. 5:] Klassische Dramen. Iphigenie auf Tauris, Egmont, Torquato Tasso. Hg. v. Dieter Borchmeyer unter Mitarbeit von Peter Huber, Frankfurt/M. 1988 [Egmont: S. 459–551; Kommentar v. Dieter Borchmeyer: S. 1233–1280; Sigle: DKV].

B. Werkübergreifende Literatur zu Goethes »Egmont«

Borchmeyer, Dieter: *Höfische Gesellschaft und französische Revolution bei Goethe.* Adliges und bürgerliches Wertsystem im Urteil der Weimarer Klassik, Kronberg/Ts. 1977, bes. S. 254–268.

– : *Die Weimarer Klassik*, Königstein/Ts. 1980.

– : »Der aufgeklärte Herrscher im Spiegel von Goethes Schauspiel«, in: Birtsch, Günter (Hg.): *Der Idealtypus des aufgeklärten Herrschers.* Aufklärung 2, H. 1, Hamburg 1987, S. 49–74.

– : »Goethes und Schillers Sicht der niederländischen ›Revolution‹«, in: Dann, Otto/Oellers, Norbert/Osterkamp, Ernst (Hg.): *Schiller als Historiker*, Stuttgart/Weimar 1995, S. 149–155.

Braun, Julius W.: *Goethe im Urteil seiner Zeitgenossen.* Zeitungskritiken, Berichte, Notizen, Goethe und seine Werke betreffend. Abt. 2: Goethe, Bd. 2, Berlin 1884.

Conrady, Karl Otto: *Goethe*. Leben und Werk, Bd. 1: Hälfte des Lebens, Königstein i. Ts. 1982, S. 472–484.
Große, Wilhelm: *Überwindung der Geschichte: Johann Wolfgang von Goethe: Egmont – Friedrich Schiller: Don Carlos*, Stuttgart 1987.
Gundolf, Friedrich: *Goethe*, Berlin 1916, bes. S. 184–197.
Korff, August Wilhelm: *Geist der Goethezeit*. Versuch einer ideellen Entwicklung der klassisch-romantischen Literaturgeschichte, I. Teil: Sturm und Drang, Darmstadt 1974, S. 210–219.
Sengle, Friedrich: *Das historische Drama in Deutschland*. Geschichte eines literarischen Mythos, Stuttgart 1974, bes. S. 46–48.
Sharpe, Lesley: »Schiller and Goethe's *Egmont*«, in: *MLR* 77, 1982, S. 629–645.
Siedhoff, Sigrid: *Der Dramaturg Schiller und Egmont*. Goethes Text – Schillers Bearbeitung, Bonn 1983.
Staiger, Emil: *Goethe*, Bd. 1, Zürich/Freiburg i. Br. 1952, S. 289–307.
Walter, Harold Alexander: *Kritische Deutung der Stellungnahme Schillers zu Goethes ›Egmont‹*, Düsseldorf 1959.
– : »Die Stellungnahme Schillers zu Goethes *Egmont*«, in: *GQ* 32, 1959, S. 330–340.
Wilkinson, Elizabeth M.: »Sprachliche Feinstruktur in Goethes ›Egmont‹. Zur Beziehung zwischen Gestalt und Gehalt«, in: Burger, Heinz Otto (Hg.): *Begriffsbestimmung der Klassik und des Klassischen*, Darmstadt 1972 (WdF 210), S. 353–390.

C. Interpretationen zu »Egmont«

Böckmann, Paul: »Die Freiheit des Wortes in Goethes *Egmont*«, in: ders.: *Formensprache*. Studien zur Literaturästhetik und Dichtungsinterpretation, Hamburg 1966, S. 126–146, 525 f.
Braemer, Edith: »Goethes *Egmont* und die Konzeption des Dämonischen«, in: *Weimarer Beiträge* 4, Sonderheft 1960, S. 1011–1028.
Braunbehrens, Volkmar: »Egmont, das lang vertrödelte Stück«, in: Arnold, Heinz Ludwig (Hg.): *Text + Kritik*, Sonderband Goethe, München 1982, S. 84–100.
– : *Goethes Egmont*. Text – Geschichte – Interpretation, Freiburg i. Br. 1982.
Brück, Max von: *Johann Wolfgang Goethe: Egmont*. Deutung und Dokumentation, Frankfurt/M. 1969.
Brüggemann, Fritz: »Goethes *Egmont*, die Tragödie des versagenden Bürgertums«, in: *JbGG* 11, 1925, S. 151–172.
Busch, Ernst: »Egmont«, in: *DU* 1, 1948/49, S. 18–36.
Clairmont, Heinrich: »Die Figur des Machiavell in Goethes *Egmont*. Prolegomena zu einer Interpretation«, in: *Poetica* 15, 1983, S. 289–313.
Dahnke, Hans Dietrich: »Geschichtsprozeß und Individualitätsverwirklichung in Goethes *Egmont*«, in: Thalmann, Hans Günther/Wertheim, Ursula (Hg.): *Studien zur Literaturgeschichte und Literaturtheorie*, Berlin 1970, S. 58–100, 340–344.

Davies, Steffan: »Goethes ›Egmont‹ in Schillers Bearbeitung – ein Gemeinschaftswerk an der Schwelle zur Weimarer Klassik«, in: *GJb* 123, 2006, S. 13–24.
Fink, Gonthier-Louis: »Bild und Bedeutung des Volkes in Goethes *Egmont*«, in: Buhr, Gerhard/Kittler, Friedrich A./Turk, Horst (Hg.): *Das Subjekt der Dichtung*. Festschrift für Gerhard Kaiser, Würzburg 1990, S. 223–242.
Hartmann, Horst: »Goethes Egmont. Eine Analyse«, in: *Weimarer Beiträge* 13, 1967, S. 48–75.
Henel, Heinrich: »Goethe's Egmont: Original and Revised«, in: *GR* 38, 1963, S. 7–26.
– : »Auf den Spuren des Uregmont«, in: ders.: *Goethezeit*. Gesammelte Aufsätze, Frankfurt/M. 1980, S. 102–129, 356–358.
Hobson, Irmgard: »Oranien and Alba. The Two Political Dialogues in *Egmont*«, in: *GR* 50, 1975, S. 260–274.
Keferstein, Georg: »Die Tragödie des Unpolitischen. Zum politischen Sinn des *Egmont*«, in: *DVjs* 15, 1937, S. 331–361.
Keller, Werner: »Das Drama Goethes«, in: Hinck, Walter (Hg.): *Handbuch des deutschen Dramas*, Düsseldorf 1980, S. 133–156, 545–547.
Michelsen, Peter: »Egmonts Freiheit«, in: *Euph*. 65, 1971, S. 274–297.
Naumann, Hans: »Goethes Egmontmythos«, in: *ZfdPh* 71, 1951/52, S. 277–291.
Reinhardt, Hartmut: »Egmont«, in: Hinderer, Walter (Hg.): *Goethes Dramen*. Interpretationen, Stuttgart 1992, S. 158–198.
Saviane, Renato: »Egmont, ein politischer Held«, in: *GJb* 104, 1987, S. 47–71.
Schaum, Konrad: »Dämonie und Schicksal in Goethes *Egmont*«, in: *GRM* 41, 1960, S. 139–157.
Schings, Hans-Jürgen: »Freiheit in der Geschichte. Egmont und Marquis von Posa im Vergleich«, in: *GJb* 110, 1993, S. 61–76.
Schröder, Jürgen: »Individualität und Geschichte im Drama des jungen Goethe«, in: Hinck, Walter (Hg.): *Sturm und Drang*. Ein literaturwissenschaftliches Studienbuch, Kronberg i. Ts. 1978, S. 192–212.
– : »Poetische Erlösung der Geschichte – Goethes *Egmont*«, in: Hinck, Walter (Hg.): *Geschichte als Schauspiel*. Deutsche Geschichtsdramen. Interpretationen, Frankfurt/M. 1981, S. 101–115.
Schwan, Werner: »Egmonts Glücksphantasien und Verblendung. Eine Studie zu Goethes Drama *Egmont*«, in: *JbFDH* 1986, S. 61–90.
Steffen, Martin: »Sinn und Form in Goethes ›Egmont‹«, in: *GJb* 115, 1998, S. 45–62.
Wagener, Hans: *Johann Wolfgang Goethe. Egmont*. Erläuterungen und Dokumente, Stuttgart 2005.
Ziegler, Klaus: »Goethes ›Egmont‹ als politisches Drama«, in: Schwartländer, Johannes/Landmann, Michael/Loch, Werner (Hg.): *Verstehen und Vertrauen*. Otto Friedrich Bollnow zum 65. Geburtstag, Stuttgart 1968, S. 272–292.

D. Sonstige Literatur

Eckermann, Johann Peter: *Gespräche mit Goethe in den letzten Jahren seines Lebens*, hg. v. Christoph Michel, Frankfurt/M. 1999. [DKV Bd. 12 (39)].

Goethe, Johann Wolfgang: *Aus meinem Leben. Dichtung und Wahrheit*, hg. v. Klaus-Detlef Müller, Frankfurt/M. 1986. (DKV Bd. 14].

– : *Italienische Reise*, Teil 1, hg. v. Christoph Michel, Frankfurt/M. 1993. [DKV Bd. 15, Teil 1].

Meteren, Emanuel van: *HISTORIA*, Oder Eigentliche vnd warhaffte Beschreibung aller fürnehmen Kriegshändel / Gedenckwürdigen Geschichten vnd Thaten / so sich in Niderlandt [...] zugetragen haben, Arnheim 1604.

Möser, Justus: »Der jetzige Hang zu allgemeinen Gesetzen und Verordnungen ist der gemeinen Freiheit gefährlich«, in: ders.: *Patriotische Phantasien*, Leipzig 1871, S. 65–68.

Schiller, Friedrich: »Über Egmont, Trauerspiel von Goethe. Leipzig, bei Göschen: *Goethes Schriften*. Fünfter Band. 388 S. 8°«, in: *Schillers Werke*, Nationalausgabe, Bd. 22, Weimar 1958, S. 199–209.

– : »Goethes Egmont«, in: *Schillers Werke*. Nationalausgabe, Bd. 13, Tl. 1, Weimar 1949, S. 1–72.

– : »Über die Iphigenie auf Tauris. Goethes Schriften. Dritter Band. Leipzig bei G. J. Göschen. 1787. 8°«, in: *Schillers Werke*. Nationalausgabe, Bd. 22, Weimar 1958, S. 211–238.

Strada, Famianus: *DE BELLO BELGICO*, Rom 1640.

Tynjanov, Jurij: »Über literarische Evolution«, in: ders.: *Die literarischen Kunstmittel und die Evolution in der Literatur*, Frankfurt/M. 1967, S. 37–60.

Margarete von Parma: Herzogin Margarete von Parma (1522–1586), uneheliche Tochter Karls V. (1500–1558) und der fläm. Zofe Johanna van der Gheuyst, erhielt ihren Namen nach Margarete von Österreich (1480–1530), der Tante des Kaisers und selbst Statthalterin der Niederlande von 1517 bis zu ihrem Tod. Bereits 1529 von ihrem Vater als »natürliche Tochter« anerkannt, wurde ihr eine standesgemäße Erziehung und Bildung zuteil, sodass sie 1536 Alessandro de Medici (1510–1537), Herzog von Florenz, heiraten konnte. Nach dessen Ermordung vermählte sich Margarete 1538 mit Ottavio Farnese (1524–1586). Ihr Halbbruder Philipp II. von Spanien (1527–1598), Sohn Kaiser Karls V. und Isabellas von Portugal (1503–1539), setzte sie 1559 – überraschend für die Grafen Egmont und Wilhelm von Oranien – als Statthalterin der habsburgischen Niederlande ein. Nach der Ankunft Herzog Albas (vgl. Erl. zu 63.28) in Brüssel gab sie ihr Amt 1567 auf. 8.2

Graf Egmont: Lamoral Graf von Egmont (eigentlich: Egmond) (1522–1568) und Prinz von Gaure (Gavre) wurde im heute belg. Hennegau als Spross einer alten Adelsfamilie geboren. Als Page Kaiser Karls V. und kühner Feldherr seines Sohnes Philipp II. in den Schlachten bei St. Quentin (1557) und Gravelingen (1558) stand er in der Gunst des Kaiserhauses sehr hoch. Dies drückte sich u. a. in der Aufnahme Egmonts in den Orden des Goldenen Vlieses (1546) aus. 1545 heiratete er in Gegenwart des Kaisers Sabine von Bayern, mit der er elf Kinder hatte – im Unterschied zur Kinderlosigkeit der fiktiven Figur bei Goethe. Als Statthalter von Flandern und Artois (ab 1559) befriedete er nach dem sog. Bildersturm 1566 das Land, ohne jedoch den König in Spanien zu beruhigen. Dieser entsandte span. Truppen unter dem Befehl Herzog Albas in die unruhigen Provinzen. Obwohl von Wilhelm von Oranien und sogar von Albas natürlichem Sohn Ferdinand mehrfach gewarnt, stand Egmont loyal zum König und vertraute vor und während der Anwesenheit der Truppen Albas in den Niederlanden auf den Schutz des Goldenen Vlieses. Zusammen mit Philipp Graf von Hoorne wurde er jedoch 1567 verhaftet, 8.4

des Hochverrats beschuldigt, durch den »Zwölferrat« (vgl. Erl. zu 97.32) verurteilt und am 5.6.1568 auf dem Marktplatz zu Brüssel öffentlich enthauptet.

8.5 **Wilhelm von Oranien**: Eigentlich Wilhelm von Dillenburg-Nassau, genannt der »Schweiger« (1533–1584), verfügte über reiche Besitztümer im dt. Rheinland und in den Niederlanden. Gemeinsam mit Egmont und dem Grafen Hoorne vertrat er als Adliger die Interessen der Provinz gegenüber Philipp II. Durch Spione gewarnt, entzog er sich 1567 der Verhaftung durch Alba und kämpfte nach dessen Abzug 1573 weiter für die Unabhängigkeit der niederl. Provinzen. Als die Niederlande 1581 ihre formelle Unabhängigkeit von Spanien erklärten, wurde ihm der Posten des Statthalters angetragen. Philipp II. setzte daraufhin ein hohes Kopfgeld auf ihn aus. Am 10.7.1584 wurde er in Delft ermordet und in der Nieuwe Kerk – wie bis heute alle Angehörigen des niederl. Königshauses Oranien – bestattet.

8.6 **Herzog von Alba**: Don Fernando Álvarez de Toledo, Herzog von Alba (1507–1582), war zu seiner Zeit einer der fähigsten, aber auch kaltblütigsten Generäle Europas. Das gespannte Verhältnis zwischen ihm und Egmont geht v. a. auf ein Ereignis in der Schlacht bei Gravelingen (1558) zurück, als Alba von einem Reiterangriff abriet, den Egmont tollkühn durchführte und glänzend gewann, obwohl sein Reitpferd niedergeschossen wurde.

8.8 **Machiavell**: Die Namensgleichheit zum ital. Staatstheoretiker und Rechtsphilosophen Niccolò Machiavelli (1469–1527), dessen zentrale Schrift *Il Principe (Der Fürst)* (1513) bis heute als praktische Anleitung für einen autoritär-rücksichtslosen Regierungsstil angesehen wird, steht in auffälligem Gegensatz zu den des Zynismus unverdächtigen Vorschlägen des fiktiven Privatsekretärs der Statthalterin.

9.20 **Pritschmeister Reverenz**: Spaßmacher und Stegreifdichter bei Schützenfesten, der mit einem hölzernen Schwert, der Pritsche, »die Treffer der Schützen anzeigte und sich für jeden geschossenen Ring einmal vor dem Schützen verbeugte« (Wagener 2005, S. 6).

9.29–30 **er schießt wie Egmont**: Mit der Nennung des Namens der Titelfigur beginnt die dreifache Exposition des Dramas, die in Fremdspiegelungen die *dramatis persona* Egmont in ihrer dreifachen Funktion als Bürger, politisch Herrschender und Liebender beleuchtet.

Er hatte die Hand über dem ganzen Erdboden: Aufgrund der 10.31–32
Besitztümer in Übersee wurde über Kaiser Karl V. gesagt, dass in seinem Reich die Sonne niemals unterginge.

Haben wir doch [...] Regiment hier abtrat: Ruysum gedenkt 11.2–3
der feierlichen Abdankung Karls V. und der Übertragung der Regierungsgewalt an seinen Sohn Philipp am 25. 10. 1555 in Brüssel.

St. Quintin: Nordfranz. Stadt (St. Quentin), wo das vereinigte 11.26
span.-engl. Heer am 10. 8. 1557 Frankreich besiegte.

Gravelingen: Erneute Niederlage der Franzosen durch ein span. 11.27
Heer Philipps II. bei Gravelines in der Nähe von Calais am 13. 7. 1558. Egmont tat sich durch besondere Tollkühnheit hervor und wurde dafür von Herzog Alba kritisiert (vgl. Erl. zu 8.6).

Friede machen: Der Friedensschluss von Câteau-Cambrésis am 12.26
3. 4. 1559 zwischen Philipp II. und dem franz. König Heinrich II. (1519–1559) festigte die Vormachtstellung Spaniens in Europa.

Wahrlich treffliche Weiber sind in dem Hause.: Anspielung 13.1
wohl auch auf die beiden habsburg. Statthalterinnen der Niederlande vor Margarete von Parma: Margarete von Österreich (1517–1530) und Königin Maria von Ungarn (1530–1555).

vierzehn neue Bischofsmützen: Um der Inquisition nachhalti- 13.5–6
ger als bisher Geltung zu verschaffen, richtete Papst Paul IV. (1555–1559) auf Bitten Philipps II. zu den vier bestehenden Bistümern in den Niederlanden 14 weitere ein.

Äbte aus den Kapiteln gewählt wurden: Im Unterschied zu Bi- 13.8–9
schöfen werden Äbte durch die stimmberechtigten Mitglieder eines Klosters oder Ordens gewählt und nicht vom Papst ernannt.

die neuen Psalmen: Mit dem Erstarken des Calvinismus in den 13.18
Niederlanden nach der Reformation verfasste der franz. Dichter Clément Marot (1496–1544) neue Psalmen und Lieder, deren Inhalte von der kath. Kirche als ketzerisch eingestuft wurden.

Die Inquisition kommt nicht auf.: Karl V. führte zwar 1522 die 14.5
geistl. Gerichte, die Inquisition zur Aufdeckung und Verfolgung

ketzerischen Gedankengutes, die der Lehrmeinung der kath. Kirche widersprachen, auch in den Niederlanden ein, doch wurden sie nicht in voller Strenge durchgeführt.

15.30–32 **Wie wir die Spanischen [...] wir wieder Atem.**: Nach den Kämpfen gegen die Franzosen hatte Philipp II. seit 1557 widerrechtlich span. Truppen in den Niederlanden stationiert, die erst auf Intervention Margaretes von Parma 1561 wieder abgezogen wurden.

16.17 ***Margarethe von Parma in Jagdkleidern***: Anspielung auf die außergewöhnliche Erscheinung der Regentin, wie sie Strada in seinem *De Bello Belgico*, das Goethe als eine seiner Hauptquellen benutzte (vgl. Literaturhinweise), skizzierte: »Nicht nur hatte sie wahrhaftig einen Geist, der den einer Frau weit übertraf, sondern auch eine Körperhaltung und ein Auftreten, als wäre sie nicht so sehr eine Frau mit dem Geist eines Mannes als vielmehr ein Mann in Frauenkleidern. Sie war freilich so stark, daß sie bei der Hirschjagd die Pferde zu wechseln pflegte, wozu die kräftigsten Männer oft nicht imstande sind.« (Wagener 2005, S. 53; DKV, Bd. 5, S. 1269)

16.20 **Machiavellen**: Die Namensgleichheit des bei Strada erwähnten Geheimagenten Philipps II. in den Diensten Margaretes mit dem Staatstheoretiker Niccolò Machiavelli (1469–1527) und seinem berühmt-berüchtigten Hauptwerk *Il Principe* (1513) scheint nicht so zufällig zu sein, wie noch Borchmeyer (DKV, S. 1270) annahm (vgl. Clairmont 1983).

16.22 **diese schröckliche Begebenheiten**: Gemeint sind die als Bildersturm bezeichneten Verwüstungen, die die Niederländer bereits im August 1566 in vielen kath. Kirchen Flanderns anrichteten und dabei auch vor anderen kirchl. Einrichtungen nicht haltmachten.

17.13–15 **O was sind wir [...] hin und her.**: Die hier sichtbar werdende schicksalhaft-pessimistische Geschichtsauffassung findet sich auch in dem Brief Goethes an Charlotte von Stein vom 14. 5. 1778: »[...] wie die Großen mit den Menschen, und die Götter mit den Großen spielen« (DKV, Bd. 5, S. 1270).

17.23–24 **die bilderstürmerische Wut**: Die teilweise drastisch dargestellten Einzelheiten des Bildersturms (vgl. Erl. zu 16.22) folgen der Strada-Quelle mit ihren klar antireformatorischen Tendenzen.

daß mir Egmont […] Gleichgültigkeit und Leichtsinn.: Margarete bezeichnet hier – dramentechnisch als Fremdspiegelung zu sehen – zwei wesentliche Verhaltensmerkmale Egmonts, die für sein tragisches Scheitern nicht unerheblich sind. 19.33–20.2

ich fürchte Oranien und ich fürchte für Egmont: In wortspielerischer Abbreviatur bringt die Regentin gleichsam in zukunftsgewisser Vorausdeutung die Schicksale der beiden Protagonisten auf den Punkt: Oraniens kluge, für manche Interpreten feige Flucht und Egmonts Verkennung und falsche Einschätzung der politischen Lage, die er mit dem Tode bezahlt. 21.2–3

Noch trägt er […] wieder geltend machen.: Rechtlich stand Egmont nur der Titel »Graf von Gaure« nach dem Fürstentum Gavre in der Nähe von Gent zu. Das Herzogtum Geldern war bereits über 100 Jahre zuvor durch Karl den Kühnen (1433–1477) an Burgund gefallen. 21.15–21

die neuen Livreen […] Abzeichen der Bedienten: Bei einem Gastmahl des niederl. Adels provozierte Egmont den verhassten, da die Interessen Spaniens vertretenden Inquisitor Kardinal Antoine Perrenot de Granvella (1517–1586) 1563 dadurch, dass »für die Bediensteten ein der Kardinalstracht ähnelndes Kostüm mit aufgestickten Köpfen und Schellenkappen angefertigt wurde […]. Als Granvella bei der Regentin ein Verbot dieses Emblems erwirkte, ersetzten es die Niederländer durch gebündelte Pfeile« mit der Umschrift »Einigkeit macht stark« (DKV, Bd. 5, S. 1270). 21.33–34

golden Vlies: Herzog Philipp der Gute von Burgund (1419–1467) stiftete anlässlich seiner Vermählung mit Isabella von Portugal 1430 den Orden des Goldenen Vlieses. Die Namenswahl erinnert gleichermaßen an die christl. Kreuzzüge wie an die griech. Argonautensage, nach der Jason das goldene Widderfell in der Stadt Kolchis raubte. Die Mitglieder des elitären Ordens, in den Egmont 1546 aufgenommen wurde, genossen große Privilegien und waren weitgehend vor polit. Willkür geschützt. 22.24

Brutus Rede für die Freiheit: Anspielung auf Marcus Junius Brutus (85–42 v. Chr.), einen der Mörder Julius Caesars (44 v. Chr.), wie er in der rhetor. Schrift *Brutus* von Cicero (106–43 v. Chr.) und in Shakespeares Historiendrama *Julius Caesar* (III,2) dargestellt wird. 28.32–33

32.12 **die sieben Weisen aus Griechenland**: Sieben vorsokratische Philosophen des griech. Altertums – unter ihnen Thales von Milet (um 625 bis um 546 v. Chr.) –, die ihre Weisheiten in prägnante Lehrsätze fassten. Ihre Erwähnung dient hier zur Ironisierung der Meinung Seidensiefers.

34.10 **Karl der Kühne**: Herzog von Burgund (1433–1477) eroberte zwar die niederl. Provinzen, vermochte es jedoch nicht, deren Sonderrechte und Privilegien zu zerstören. Durch die Heirat seiner Tochter Maria (1457–1482) mit Kaiser Maximilian I. (1459–1519) fielen die niederl. Provinzen an Habsburg.

34.11 **Friedrich der Krieger**: Unbekannter Beiname, der sich hier nur auf Kaiser Friedrich III. (1415–1493) beziehen kann, der 1488 in Brügge seinen Sohn Maximilian und seinen Enkel, den damals zehnjährigen Philipp den Schönen (1478–1506), nur gegen große Konzessionen aus der Gefangenschaft freikaufen konnte (vgl. Erl. zu 34.15–17).

34.15–17 **fingen sie ihm [...] beste Bedingungen heraus**: Nach dem Tode Marias setzten die Flamen ihren Sohn Philipp gefangen. Der Befreiungsversuch seines Vaters Maximilian im Jahre 1488 scheiterte, sodass auch er in Gefangenschaft geriet und erst durch seinen Vater Friedrich wieder freikam (vgl. Erl. zu 34.11).

36.25–26 **Geht auseinander, geht an euer Gewerbe.**: Offenkundige Anlehnung an die Eröffnungsszene des Dramas *Julius Caesar* von Shakespeare (Rede des Flavius I,1).

37.8–9 **Ich vergesse niemanden [...] und gesprochen habe.**: Nahezu die gleichen Worte wählt Schillers Wallenstein im dritten Teil seiner Trilogie (*Wallensteins Tod*, III,15; 1799) vor den Pappenheimer Kürassieren.

38.8–9 **Sein Hals wäre [...] für einen Scharfrichter.**: Weitere zukunftsgewisse Vorausdeutung auf das Ende Egmonts nach der von Margarete (vgl. I, 3, S. 21.3) ausgesprochenen Ahnung.

41.28 **des Grafen Oliva**: Der Name taucht in den Quellen weder bei Strada noch bei van Meteren auf. Gleichwohl wird dort erwähnt, dass Egmont von einem »spanischen Ratsherren« gewarnt wurde.

43.22–25 **eine ganze edle Schar [...] in's Gedächtnis rief**: Am 5.4.1566 empfing Margarete von Parma eine Abordnung des niederen Landadels unter Führung von Hendrik Brederode (1531–1568), um ihr eine Bittschrift gegen die Inquisition und andere Zwangsmaßnahmen zu überreichen. »Der anwesende spanienfreundliche Präsident des Finanzrats, Karel von Berlaymont, soll die Abordnung daraufhin spöttisch einen ›tas de gueux‹ (Haufen von Bettlern) genannt haben. Die Edelleute griffen diesen ›Unnamen‹ auf und nannten sich als Widerstandsgruppe [...] fortan ›Geusen‹. Ihre Embleme waren der Bettelsack und der Holzbecher. Viele trugen auch eine Medaille mit der Umschrift ›En tout fidèles au Roi jusqu'à porter la besace‹ (›Dem König treu bis zum Bettelsack‹). Später wurde die Bezeichnung Geusen auf alle Teilnehmer am niederländischen Freiheitskampf ausgeweitet.« (DKV, Bd. 5, S. 1273)

Kind! Kind! nicht weiter!: Mit diesen Worten beendet Goethe 44.13
später (1811) die Darstellung seiner Jugend in der Autobiographie *Dichtung und Wahrheit* (20. Buch).

Wie von unsichtbaren [...] weg zu lenken.: Anspielung auf den 44.13–18
Mythos des Phaeton, der den Wagen des Sonnengottes Helios, seines Vaters, nicht zu lenken vermochte und deshalb abstürzte.

Oranien kommt.: Nach der von Goethe benutzten Strada- 44.34–35
Quelle fand das Gespräch zwischen Egmont und Oranien am 2.4.1567 nicht in Brüssel, sondern im Dorf Willebroek statt. Hinsichtlich seines Inhalts hält sich Goethe weitgehend an seine Quelle (vgl. Wagener 2005, S. 50 f.).

Herkules die Löwenhaut ablegte: Die erste der zwölf Taten des 45.29
griech. Helden Herakles im Auftrag des Königs von Mykene war die Erlegung des Nemëischen Löwen. Aus dessen Fell schneiderte er sich einen Umhang, der ihn fast unverwundbar machte. Nach seiner Heirat mit der lyd. Königin Omphale vollzog sich ein Rollentausch: Er legte – von ihrem Liebreiz geblendet – Frauenkleider an und begann, zu weben und zu spinnen, wohingegen sie sein Löwenfell und seine Keule trug.

Alba ist unterwegs.: Graf Alba landete im Frühjahr 1567 in 48.23
Genua und vergrößerte in Italien während seines Zuges durch Savoyen, Burgund und Lothringen seine Truppen, mit denen er am 22.8.1567 in Brüssel einzog.

Es fehlt kein Zug [...] dem tiefen Feuerblick: Margaretes Erin- 53.32–54.3
nerung folgt im Wesentlichen der Beschreibung, die Strada von der Ratssitzung im April 1567 gibt, in der das weitere Vorgehen

in den Niederlanden auf der Tagesordnung stand: »›Rodrich‹ ist Ruy (Rodrigo) Gomez de Silva, Fürst von Eboli, nach dem Goethe die zwei Offiziere Albas benennt. ›Freneda‹ ist Philipps Beichtvater, der Franziskaner Bernardo Fresneda. ›Alonzo‹ und ›Las Vargas‹, Namen, die bei Strada in anderem Zusammenhang auftauchen, hat Goethe von sich aus hinzugefügt. Der ›hohläugige Toledaner‹ ist Alba selbst, hier in Anlehnung an van Meteren beschrieben.« (Wagener 2005, S. 22)

58.30 **mit Müh und Fleiß verdient**: Wahlspruch des Ordens vom Goldenen Vlies: Pretium laborum non vile (Der Preis der Mühe ist nicht gering).

60.31–61.10 **Jener Egmont ist [...] an das seine drückt.**: Goethe entwirft in seinem Brief vom 13. 2. 1775 an die Gräfin Auguste von Stolberg (1753–1833) eine Charakteristik seiner selbst, die über weite Strecken von seinen beiden Naturen handelt, über den öffentlichen und den privaten Menschen.

62.10–12 **Der Herzog von Alba [...] Befehl ausgehen lassen**: Zwischen dem zweiten/dritten und vierten Aufzug sind mehrere Wochen vergangen, kündigt Oranien doch in II,2 Albas Kommen allererst an (vgl. Erl. zu 48.23). Zwischenzeitlich ist er in Brüssel eingetroffen und hat diverse Gesetze und Verordnungen erlassen.

63.28 **Die Regentin ist weg.**: Nach den historischen Quellen verließ Margarete erst vier Monate nach der Ankunft Albas Brüssel (am 30. 12. 1567).

65.33 **einen sich schneuzen gesehen**: »Eine Sternschnuppe wurde im Volksmund als ›schneuzender Stern‹ bezeichnet.« (DKV, Bd. 5, S. 1277)

67.4–5 **um wenigstens seinen Inquisiten [...] hängen zu können**: Wenn man eines Verbrechers nicht habhaft werden konnte, hängte man eine Strohpuppe mit Namensschild an den Galgen, um ihn gleichsam bildlich (in effigie) zu exekutieren.

68.1 **Der Culenburgische Palast**: Bis zur Abreise der Regentin wohnte Graf Alba im Palast des Grafen von Kiulemburg.

73.34 **Er kommt nicht.**: Oranien hatte sich – historisch gesehen – bereits mehrere Monate vor dem Eintreffen Albas auf seine dt. Güter zurückgezogen.

74.25–27 **wie in einen Lostopf [...] Treffer oder Fehler**: Anspielung auf die Vorstellung, dass das Schicksal, das Los des Menschen vor-

herbestimmt sei. Vgl. Schillers *Wallensteins Tod* (I,4): »Nicht
ohne Schauder greift des Menschen Hand in des Geschicks ge-
heimnisvolle Urne.«

Er kommt von Gendt: Nach den Siegen von St. Quentin und 85.33
Gravelingen zog Egmont über das heutige belg. Gent in Brüssel
ein.

Du kennst Wege […] das alte Schloß.: In Goethes Drama ist der 87.20–21
Kiulemburgische Palast gemeint. Historisch verbürgt ist jedoch,
dass Egmont und Graf Hoorn unmittelbar vor ihrer Hinrichtung
im sog. Broothuis direkt am Brüsseler Marktplatz, auf dem die
Todesurteile vollstreckt wurden, eingekerkert waren.

es ist der Klang […] an meiner Wurzel nascht: Vgl. letzte Szene 88.29–30
in Goethes *Götz von Berlichingen*: »meine Wurzeln sind abge-
hauen, meine Kraft sinkt nach dem Grabe« sowie Matth. 3,10:
»Schon ist die Axt um die Wurzel der Bäume gesetzt.«

dem erdgebornen Riesen gleich: Anspielung auf den Riesen An- 89.22
taios, den Sohn des Meeresgottes Poseidon und der Erdmutter
Gaia, der bei »jeder Berührung mit der Erde« die im Kampf
verbrauchte Kraft zurückgewann. »Herakles bezwang ihn, in-
dem er ihn hochhob und in der Luft erwürgte.« (DKV, Bd. 5,
S. 1279)

Und steigt zu […] ein Engel nieder: Anspielung auf die Befrei- 90.23–24
ung des Petrus in der Apostelgeschichte 5,19: »Und siehe, ein
Engel des Herrn trat ein, und Licht erstrahlte im Raum; er stieß
Petrus in die Seite, weckte ihn auf und sprach: ›Steh eilig auf!‹ Da
fielen ihm die Ketten von den Händen.«

Heinrichen Graf Egmont: Goethe änderte Egmonts historisch 97.22
verbürgten Vornamen Lamoral in Heinrich.

Gerichts der Zwölfer: Gegen die Urteile des »Zwölferrates«, 97.32
der in der Bevölkerung auch »Blutrat« genannt wurde, war eine
Berufung nicht möglich. Auch schützte das Goldene Vlies nicht
vor seinen Todesurteilen (vgl. Erl. zu S. 22.24).

Schon damals als […] durchbrach die Luft.: Die folgenden Aus- 98.25–99.1
führungen finden sich in dem von Goethe benutzten Quellen-
bericht Stradas (vgl. DKV, Bd. 5, S. 1280; Wagener 2005,
S. 56 f.).

Dieses Urteil wäre […] mich wieder aufzuheben?: Nach der 101.16–19
Quellenschrift van Meterens stellte Egmont noch auf dem Scha-
fott eine gleichbedeutende Frage.

104.18–19 **Richard meinen Schreiber?**: Egmonts Schreiber hieß Johann Casembrot von Beckerzeel und wurde vor seiner Hinrichtung gefoltert.

107.19 ***schließt mit einer Siegessymphonie das Stück***: Ludwig van Beethovens (1770–1827) kongeniale *Egmont*-Ouvertüre (1809) aus seiner Bühnenmusik zum Drama schließt triumphal in strahlendem C-Dur.

Suhrkamp BasisBibliothek
Text und Kommentar in einem Band

»Die Suhrkamp BasisBibliothek hat sich längst einen Namen gemacht. Als ›Arbeitstexte für Schule und Studium‹ präsentiert der Suhrkamp Verlag diese Zusammenarbeit mit dem Schulbuchverlag Cornelsen. Doch nicht nur prüfungsgepeinigte Proseminaristen treibt es in die Arme der vielschichtig angelegten Didaktik, mit der diese unprätentiösen Bändchen aufwarten. Auch Lehrer und Liebhaber vertrauen sich gerne den jeweiligen Kommentatoren an, zumal die Bände mit erschöpfenden Hintergrundinformationen, Zeittafeln, Entstehungsgeschichten, Rezeptionsgeschichten, Erklärungsmodellen, Interpretationsskizzen, Wort- und Sacherläuterungen und Literaturhinweisen gespickt sind.«
Frankfurter Allgemeine Zeitung

Ingeborg Bachmann. Malina. Kommentar: Monika Albrecht und Dirk Göttsche. SBB 56. 389 Seiten

Jurek Becker. Jakob der Lügner. Kommentar: Thomas Kraft. SBB 15. 351 Seiten

Thomas Bernhard
- Amras. Kommentar: Bernhard Judex. SBB 70. 144 Seiten
- Erzählungen. Kommentar: Hans Höller. SBB 23. 171 Seiten

Peter Bichsel. Geschichten. Kommentar: Rolf Jucker. SBB 64. 194 Seiten.

Bertolt Brecht
- Der Aufstieg des Arturo Ui. Kommentar: Annabelle Köhler. SBB 55. 182 Seiten
- Die Dreigroschenoper. Kommentar: Joachim Lucchesi. SBB 48. 170 Seiten

NF 279b/1/9.10

- Der gute Mensch von Sezuan. Kommentar: Wolfgang Jeske. SBB 25. 214 Seiten
- Der kaukasische Kreidekreis. Kommentar: Ana Kugli. SBB 42. 189 Seiten
- Leben des Galilei. Kommentar: Dieter Wöhrle. SBB 1. 191 Seiten
- Mutter Courage und ihre Kinder. Kommentar: Wolfgang Jeske. SBB 11. 185 Seiten

Georg Büchner
- Danton's Tod. Kommentar: Joachim Hagner. SBB 89. 200 Seiten
- Lenz. Kommentar: Burghard Dedner. SBB 4. 155 Seiten

Paul Celan. »Todesfuge« und andere Gedichte. Kommentar: Barbara Wiedemann. SBB 59. 186 Seiten

Adelbert von Chamisso. Peter Schlemihls wundersame Geschichte. Kommentar: Thomas Betz und Lutz Hagestedt. SBB 37. 178 Seiten

Annette von Droste-Hülshoff. Die Judenbuche. Kommentar: Christian Begemann. SBB 14. 136 Seiten

Joseph von Eichendorff. Aus dem Leben eines Taugenichts. Kommentar: Peter Höfle. SBB 82. 180 Seiten

Theodor Fontane
- Effi Briest. Kommentar: Dieter Wöhrle. SBB 47. 414 Seiten
- Irrungen, Wirrungen. Kommentar: Helmut Nobis. SBB 81. 258 Seiten

Max Frisch
- Andorra. Kommentar: Peter Michalzik. SBB 8. 166 Seiten
- Biedermann und die Brandstifter. Kommentar: Heribert Kuhn. SBB 24. 142 Seiten
- Homo faber. Kommentar: Walter Schmitz. SBB 3. 301 Seiten

NF 279b/2/9.10

Johann Wolfgang Goethe
- Götz von Berlichingen. Kommentar: Wilhelm Große. SBB 27. 243 Seiten
- Die Leiden des jungen Werthers. Kommentar: Wilhelm Große. SBB 5. 222 Seiten
- Wilhelm Meisters Lehrjahre. Kommentar: Joachim Hagner. SBB 85. 700 Seiten

Jeremias Gotthelf. Die schwarze Spinne. Kommentar: Michael Masanetz. SBB 79. 172 Seiten

Grimms Märchen. Kommentar: Heinz Rölleke. SBB 6. 136 Seiten

Norbert Gstrein. Einer. Kommentar: Heribert Kuhn. SBB 61. 157 Seiten

Peter Handke. Wunschloses Unglück. Kommentar: Hans Höller. SBB 38. 131 Seiten

Friedrich Hebbel. Maria Magdalena. Kommentar: Florian Radvan. SBB 74. 150 Seiten

Christoph Hein. Der fremde Freund. Drachenblut. Kommentar: Michael Masanetz. SBB 69. 236 Seiten

Hermann Hesse
- Demian. Kommentar: Heribert Kuhn. SBB 16. 233 Seiten
- Narziß und Goldmund. Kommentar: Heribert Kuhn. SBB 40. 407 Seiten
- Siddhartha. Kommentar: Heribert Kuhn. SBB 2. 192 Seiten
- Der Steppenwolf. Kommentar: Heribert Kuhn. SBB 12. 306 Seiten
- Unterm Rad. Kommentar: Heribert Kuhn. SBB 34. 275 Seiten

NF 279b/3/9.10

E. T. A. Hoffmann

- Das Fräulein von Scuderi. Kommentar: Barbara von Korff-Schmising. SBB 22. 149 Seiten
- Der goldene Topf. Kommentar: Peter Braun. SBB 31. 157 Seiten
- Der Sandmann. Kommentar: Peter Braun. SBB 45. 100 Seiten

Ödön von Horváth

- Geschichten aus dem Wiener Wald. Kommentar: Dieter Wöhrle. SBB 26. 168 Seiten
- Glaube Liebe Hoffnung. Kommentar: Dieter Wöhrle. SBB 84. 152 Seiten
- Italienische Nacht. Kommentar: Dieter Wöhrle. SBB 43. 162 Seiten
- Jugend ohne Gott. Kommentar: Elisabeth Tworek. SBB 7. 195 Seiten
- Kasimir und Karoline. Kommentar: Dieter Wöhrle. SBB 28. 147 Seiten

Franz Kafka

- Der Prozeß. Kommentar: Heribert Kuhn. SBB 18.352 Seiten
- Das Urteil und andere Erzählungen. Kommentar: Peter Höfle. SBB 36. 188 Seiten
- Die Verwandlung. Kommentar: Heribert Kuhn. SBB 13. 134 Seiten
- In der Strafkolonie. Kommentar: Peter Höfle. SBB 78. 133 Seiten

Marie Luise Kaschnitz. Das dicke Kind und andere Erzählungen. Kommentar: Uwe Schweikert und Asta-Maria Bachmann. SBB 19. 249 Seiten

Gottfried Keller. Kleider machen Leute. Kommentar: Peter Villwock. SBB 68. 192 Seiten

Heinar Kipphardt. In der Sache J. Robert Oppenheimer. Kommentar: Ana Kugli. SBB 58. 220 Seiten

NF 279b/4/9.10

Heinrich von Kleist
- Penthesilea. Kommentar: Axel Schmitt. SBB 72. 180 Seiten.
- Der zerbrochne Krug. Kommentar: Axel Schmitt. SBB 66. 186 Seiten

Wolfgang Koeppen. Das Treibhaus. Kommentar: Arne Grafe. SBB 76. 290 Seiten

Gert Ledig. Vergeltung. Kommentar: Florian Radvan. SBB 51. 233 Seiten

Gotthold Ephraim Lessing
- Emilia Galotti. Kommentar: Axel Schmitt. SBB 44. 171 Seiten
- Minna von Barnhelm. Kommentar: Maria Luisa Wandruszka. SBB 73. 172 Seiten
- Miß Sara Sampson. Kommentar: Axel Schmitt. SBB 52. 170 Seiten
- Nathan der Weise. Kommentar: Wilhelm Große. SBB 41. 238 Seiten

Eduard Mörike. Mozart auf der Reise nach Prag. Kommentar: Peter Höfle. SBB 54. 148 Seiten

Novalis. Heinrich von Ofterdingen. Kommentar: Andrea Neuhaus. SBB 80. 254 Seiten
Ulrich Plenzdorf. Die neuen Leiden des jungen W. Kommentar: Jürgen Krätzer. SBB 39. 157 Seiten

Rainer Maria Rilke. Die Aufzeichnungen des Malte Laurids Brigge. Kommentar: Hansgeorg Schmidt-Bergmann. SBB 17. 299 Seiten

Patrick Roth. Riverside. Kommentar: Grete Lübbe-Grothes. SBB 62. 148 Seiten

NF 279b/5/9.10

Friedrich Schiller
- Kabale und Liebe. Kommentar: Wilhelm Große. SBB 10. 175 Seiten
- Maria Stuart. Kommentar: Wilhelm Große. SBB 53. 220 Seiten
- Die Räuber. Kommentar: Wilhelm Große. SBB 67. 272 Seiten
- Wilhelm Tell. Kommentar: Wilhelm Große. SBB 30. 196 Seiten

Arno Schmidt. Schwarze Spiegel. Kommentar: Oliver Jahn. SBB 71. 150 Seiten

Arthur Schnitzler. Lieutenant Gustl. Kommentar: Ursula Renner-Henke. SBB 33. 162 Seiten

Theodor Storm. Der Schimmelreiter. Kommentar: Heribert Kuhn. SBB 9. 199 Seiten

Hans-Ulrich Treichel. Der Verlorene. Kommentar: Jürgen Krätzer. SBB 60. 176 Seiten

Martin Walser. Ein fliehendes Pferd. Kommentar: Helmuth Kiesel. SBB 35. 164 Seiten

Frank Wedekind. Frühlings Erwachen. Kommentar: Hansgeorg Schmidt-Bergmann. SBB 21. 148 Seiten

Peter Weiss
- Abschied von den Eltern. Kommentar: Axel Schmolke. SBB 77. 192 Seiten
- Die Ermittlung. Kommentar: Marita Meyer. SBB 65. 304 Seiten.
- Die Verfolgung und Ermordung Jean Paul Marats. Kommentar: Arnd Beise. SBB 49. 180 Seiten

Christa Wolf
- Der geteilte Himmel. Kommentar: Sonja Hilzinger. SBB 87. 320 Seiten
- Kein Ort. Nirgends. Kommentar: Sonja Hilzinger. SBB 75. 158 Seiten

NF 279b/6/9.10